# 中小企业制订
# 经营计划的程序

（日）平松阳一 著

刁鹂鹏 译

辽宁科学技术出版社

沈 阳

TITLE: POINT ZUKAI CHIISANA KAISHA NO KEIEIKEIKAKU SAKUSEI NO
TEJUN
by Yoichi Hiramatsu
Copyright © Yoichi Hiramatsu 1999
Original Japanese edition published by Daiwa Shuppan Publishing Inc.
All rights reserved, including the right to reproduce this book or portions
thereof in any form without the written permission of the publisher.
Chinese translation rights arranged with Daiwa Shuppan Publishing Inc.,
Tokyo through Nippon Shuppan Hanbai Inc.

## 图书在版编目（CIP）数据

中小企业制订经营计划的程序/（日）平松阳一著；刁鹏
鹏译.—沈阳：辽宁科学技术出版社，2010.4
ISBN 978-7-5381-5519-8

Ⅰ.中… Ⅱ.①平…②刁… Ⅲ.中小企业-企业管理
Ⅳ.F276.3

中国版本图书馆 CIP 数据核字（2008）第 090066 号

**出版发行:** 辽宁科学技术出版社
　　　　　　（地址：沈阳市和平区十一纬路 29 号　邮编：110003）
**印刷者:** 辽宁星海彩色印刷有限公司
**经销者:** 各地新华书店
**幅面尺寸:** 170mm×240mm
**印　张:** 11
**字　数:** 130 千字
**印　数:** 1~5000
**出版时间:** 2010 年 4 月第 1 版
**印刷时间:** 2010 年 4 月第 1 次印刷
**责任编辑:** 宋纯智　王　实
**封面设计:** 黑米粒书装
**版式设计:** 于　浪
**责任校对:** 徐　跃

**书　号:** ISBN 978-7-5381-5519-8
**定　价:** 25.00 元

联系电话:024-23284360
邮购热线:024-23284502
E-mail:lkzzb@mail.lnpgc.com.cn
http://www.lnkj.com.cn

# 前 言

　　如今，社会上出版了很多关于经营计划的书籍，其中不乏优秀之作，然而却很难找到适合中小企业实情的指导性用书。本书就是为中小企业而编写的。

　　事实上，由于企业规模的大小、业绩的不同，所制订的经营计划也各不相同，而且在当今的社会中，无论是大企业还是小企业都是处在同一个竞技场中竞争，因此中小企业更有必要制订出富有成效的经营计划。

　　在制订经营计划时，必须努力做到企业并不是单纯追求效益，而是要切实地满足企业员工、客户等相关人员的利益，就是说要力求做出一套包括企业的发展和企业员工等的满足感获得双赢的改革方案。只有如此变革的强有力的管理手段才是真正的经营计划。

　　特别值得一提的是，切记经营计划绝对不是经营者一个人擅自下达的指令，而是每一个企业员工按照一个目标或方针集体参加制订出来的，只有实行这种经营计划，企业才能取得长足的发展。

　　本书由以下各个章节组成，系统地讲述了计划的基本内容。

　　第一章　经营计划的基础知识

　　第二章　企业分析和环境分析的方法

　　第三章　制订中、长期经营计划的方法

第四章　制订短期经营计划的方法

第五章　推行短期经营计划的方法

第六章　业绩评定的方法

第七章　经营计划报告例文集

在阅读本书的过程中，也许读者有时会感到枯燥乏味，有一定难度。这时请您不妨试一下，对前三章只是浏览一下，从第四章开始细读。或者，在短期经营计划部分树立信心后，再着手于中、长期计划。之所以这样做，是因为即使编写同样的短期经营计划，这时是否意识到中、长期的未来，效果也会完全不同。另外，还要充分活用第七章介绍的这种正式计划书例文，做出恰如其分的经营计划报告。最后，本书若能对您编写经营计划时尽微薄之力，甚感欣慰！

**平松阳一**

# 目　录

## 第三章 制订中、长期经营计划的方法

**第四章 制订短期经营计划的方法**

# 第六章 业绩评定的方法

# 第七章 经营计划报告例文集

第一章

经营计划的
基础知识

企业经营和经营
计划之间的关系

◆经营战略必须要有经营计划
◇掌握经营计划中的"计划"

任何企业没有战略都是经营不起来的。所谓战略，听起来似乎有些生硬死板，其实就是指想方设法提高收益，这是所有经营者必须面临的问题，可以说没有战略就不可能存在企业的经营。

这种经营战略的安排过程就是经营计划。通常所说的计划就是确立未来的行动安排，具体地说，是指事先决定好什么时间、在哪儿、怎样做以及做什么等一系列活动。

一个企业只有通过事先决定出未来的企业活动计划，才能有效地推动企业活动而产生效益。为此，经营计划就是设定所要从事经营活动的目标，并制订出实现该目标的方法，再决定实施活动的预定计划。

企业经营最大的特点是追求合理性，因此要合理地制订经营计划，并通过反馈结果使经营活动实现计划—实行—管理的周期循环。

但是，在经济高速成长时期，不作精打细算或乱花费用的现象很普遍，甚至一直处于数字只要不出大格或对得上账目就属正常的局面，可以说当时的经营计划意味着是为了弥补前后数字不符合的活动。

可是，在经济环境日异变化的今天，如果企业不作计划性的经营，已不能适应环境的变化了，这样，唯一的选择就是基于怎

**战略和计划的关系**

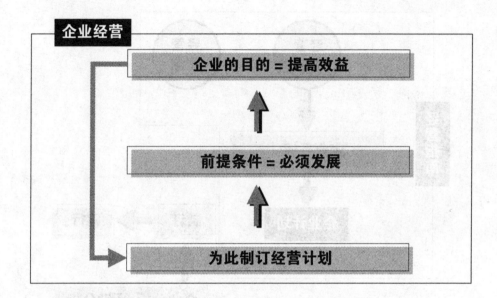

样做才能提高效益这一战略来制订经营计划并付诸行动。

◇**在企业经营中灵活运用经营计划**

最近，很多人把战略性经营计划称为战略性的经营管理计划体系，总之，它是把战略性的经营计划从准备、确定到付诸实施的过程综合为一体的活动；同时也把这种准备、确定、实施以及相互结合的系统称为战略性的情报体系。

经营计划按内容和时期可以分为如下几个方面。

①战略计划（经营构造本身的变革）、业务改善计划、目标计划

②综合计划、部门计划、个别计划

③长期计划、中期计划、短期计划

④财务计划、人事计划、劳动事务计划

⑤研究开发计划、生产计划、销售计划

## 经营计划的步骤

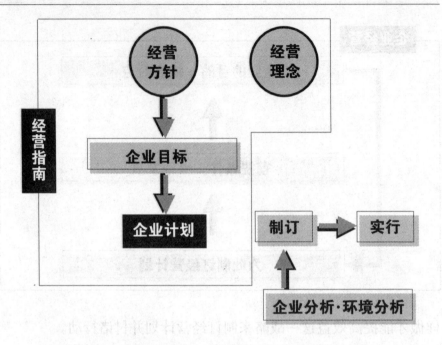

⑥基本方针计划（目标）、实施计划

⑦新事业、新产品开发计划，人才培养计划

我看过我担任顾问的企业的经营计划，其内容是根据企业的实际情况而编写的，因为他们制订的计划，根据不同的目的，日期和内容也随之发生变化。也就是说，在制订经营计划时，必须首先要明确所做事业的目的，然后再设定最终与获取利益挂钩的目标，最后确认朝着这个目标努力去做的行动要求。

原则上，经营计划要呈书面形式，但是编写经营计划报告不是根本的目的，重要的是要明确怎样具体地预定企业将来想要做的事业，以及为实现该事业要做的各种工作；或者说，不要拘泥于经营计划报告的措辞或体裁，而要重视是否能真正触及经营本质的内容。

**制订经营计划的目的**

◆ **能够进行合理的经营活动**

◇ **制订经营计划的五大目的**

第一，因为经营计划是指导企业应该朝哪个方向发展的东西，所以它首先起着经营指南的作用，即有必要适当地调整对未来的决策以及对经营资源的调配。

第二，在实现计划中的某一目标时，也存在着使经营能力提高的目的，即顺其自然或漫无计划的经营活动不可能实现经营目标，必须事先决定进行怎样的经营活动才能实现目标的计划，这一过程正是为了提高经营能力。

第三，通过让每一位员工参与制订经营计划，能够达到使他们具有经营意识的目的。由于经营计划关系到公司的定位问题以及为实现该计划应采用的各种对策，因此会大大地增强员工参与经营的意识。

第四，可以按照经营计划衡量每一种行为，即每一个部门、每一个人都能够通过经营计划检测自身的行为。

第五，经营计划担负着管理经营周期的任务。为了使经营周期顺利地进行下去，最初阶段必须认真地做好经营计划。

总之，经营计划是检验经营活动是否按其行动的一个尺度，而且当出现差错时也可以成为纠正问题的评定标准。

## 经营计划的目标

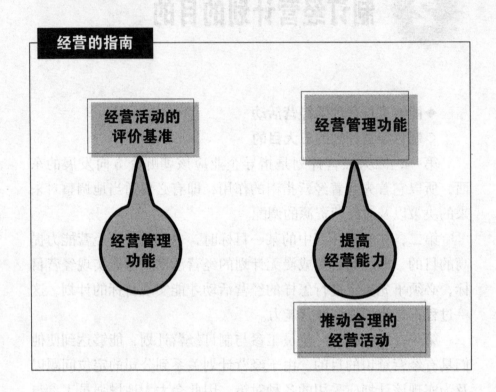

# **3** 分期制订经营计划

◆**从6个月到10年以上，分为短期、中期、长期**
◇**具体考虑经营计划的种类**

经营计划按时间长短分类，可分为长期、中期、短期三种，许多企业就是按这种方法分类的。当然，长期或短期的时间并不是一概而论的，但一般都按如下方法划分。

①短期计划——6个月到1年

②中期计划——3~5年

③长期计划——5~10年，或10年以上

短期计划因为是6个月到1年之内的计划，所以自然要体现出非常具体的业务执行内容。一般来说，经营计划时间要与会计年度时间保持一致，这样大多短期计划是以1年作为计划时间的，因此也被称作"年度计划"。其中，短期计划分为部门计划和综合计划，前者突出业务实施的目标，后者关系到利益计划。

中期计划是以长期计划作为基础而计划的内容。

长期计划按5~10年设定所追求的目标，然后计划出实施方案。长期计划的内容和中期计划、短期计划有着本质上的不同，或者说它并不是单纯的时间长短问题，如果单纯地从时间这一角度考虑，许多企业不用长期计划这个名称，而是称作"目标计划"或"战略计划"。

另外，中期计划、长期计划的时间长短也根据计划的目的而定，因企业的性质、营业情况不同而不同。所以决定和实施计划

## 计划时间的决定

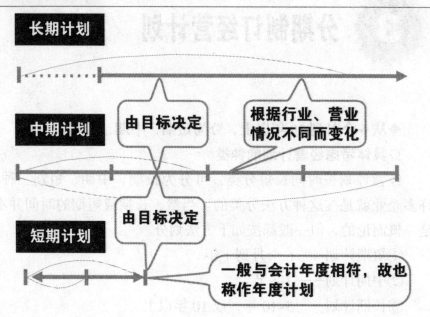

时，必须考虑时间并根据本公司的情况而定。

### ◇中小企业经营计划应注意的问题

经营计划由于目的、对象、时间等不同，会有各种各样的形式。中小企业因为人员和时间不够等原因，在考虑经营计划时应注意，制订出一套对本公司最合理、最适合的计划是非常重要的。

经营计划可以考虑包括两部分内容。一部分为经营者参与的经营计划，它包括以经营方针各个计划为前提的基本计划；另一部分为强制员工实施的计划。从时间角度考虑，分符合会计年度的短期计划（年度计划）、3年左右的中期计划以及5年以上的长期计划，而中小企业尤其应该重视短期计划（年度计划）和中期计划。

因忙于每天的经营，就只凭着年度计划来发展企业是绝对不可以的。因为仅仅一份年度计划，根本说明不了企业应朝何方前

## 中小企业的经营计划

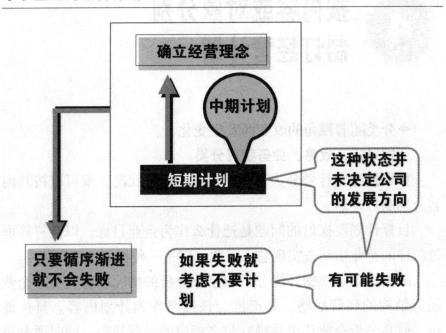

进。不少中小企业的失败就是由于没有注意到这一点而引起的。相反，有的中小企业一味地注重制订经营计划，业绩却没有怎么提高，而且出现公司整体经营不良的局面。因此，往往会认为与其苦苦地制订计划，不如任其自由发展下去，这样就造成了反复多次的失败。

由此可见，即使是中小企业，也要首先确立经营理念，然后在明确中期计划的基础上，只要制订好年度计划，经营就会非常顺利地进行下去。可以说，只要循序渐进地一步步做，经营就绝不是一件难事。

不过，以种种名称编写的计划往往是内容、目的相同或是同一系列的。这样，通过整理将其分成几大类去理解每一类的内容是很重要的一项工作。

**4 按内容或对象分别
制订经营计划**

◆**分类随着视角的改变而发生变化**
◇**按目标、战略、业务状况分类**

如果把经营计划分为目标、战略、业务状况，就可以按其内容分别制订计划。

目标计划要探讨的问题是把什么作为企业目标，以及打算通过怎样的企业活动去实现它，因此，它是一种长期的经营战略。

战略计划是根据环境分析和企业分析的情况来研究变革企业经营结构的经营战略，并把推行该战略作为计划内容。具体地说，就是分析企业环境并确立与之相应的经营战略，同时要分析本公司的整体状况，明确地做出克服劣势、发挥优势的战略步骤。总之，这种战略计划因为是以变革经营结构为目标的，目的是为了展开可以称之为基于现状分析后的经营计划革新。这样展开的经营战略短期之内很难实现，一般都是中期或长期计划。

业务计划是以目标或战略为基础而制订的实施计划。它是为了提高全公司的经营效率而制订的计划，一般为 6 个月或 1 年的业务目标，并分别有销售计划、生产计划、财务计划等形式。业务计划通常与会计年度相符合，所以许多企业常以"预算"的形式编写计划。另外，这种业务计划的特点就是必须明确企业各个部门的责任体制。比如规定出销售、生产、财务、总务等各个部门的作用以及部长、科长、股长等职务的任务。这样计划才能得以实施，业绩分析才成为可能。

**目标、战略、战术和计划的关系**

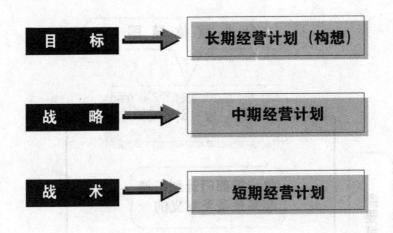

◇按综合、部门、个别情况分类

如果按照对象作计划分类，可以分成综合、部门、个别三种情况。

综合计划是把整个企业作为对象，也叫做全公司计划，把下面要说的部门计划归总到全公司的内容就构成了综合计划。为此，综合计划具有检测部门计划是否与经营的基本目标保持一致的功能，起着调整部门计划的作用。事实上，单纯的部门计划的汇总并不会成为综合计划。

部门计划以组织单位（业务单位）和功能单位为基础划分。前者有各事业部门计划、各分店计划、各地区计划、各科组计划等；后者有销售部门计划、总务部门计划、研究部门计划、生产部门计划等。

在中小企业，由于组织单位大多和功能单位是同等的，因此汇总为一体就成为综合计划。其中，按功能分为销售、生产、财务等部门时，确立全公司的销售计划其实也就是综合各事业部门

## 部门计划与个别计划的关系

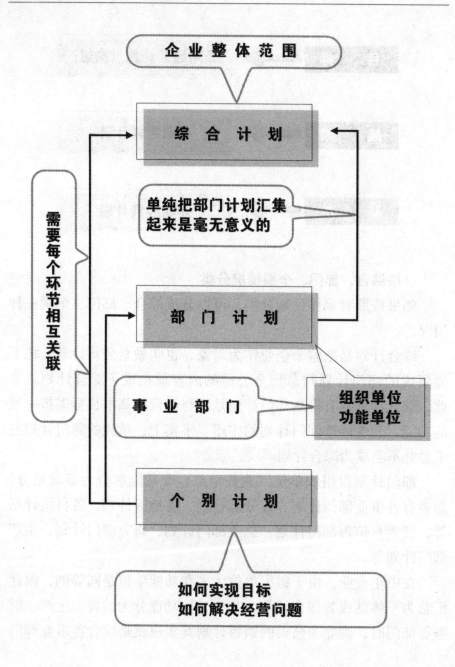

的销售部门计划而已。

个别计划是制订具体的实施方案，像怎样解决企业经营问题、怎样达到目标等。例如，新工厂建设计划、开设分店计划、新项目开发计划等都是个别计划，这些都是需要考虑并努力实施的具体计划。

计划时间的长短应根据项目计划内容的不同而不同，一般来说，关系到经营整体利益的需要长期化，而如果是改善业务的项目可以短期化。总之，个别计划不是一个独立的计划，它需要和部门计划关联起来考虑才行。

# 5 制订经营计划的程序

## ◆从创造体制到决定具体工作日程
### ◇形成计划体制

为了有效地制订经营计划，中小企业首先要考虑创造一个什么样的体制。通常情况下，都是以经营者为中心成立一个由数人组成的经营计划委员会或经营计划编写小组。但是，制订中、长期计划并要检查该计划的进展状况时，大多设推动经营计划工作室。这样，为了有效地制订经营计划，由经营计划委员会具体地决定工作日程。

这项工作有以下几个方面：

①为制订经营计划作准备

②分析企业自身和分析企业环境

③按先制订中、长期计划，后制订短期计划的顺序制订计划

在①项中，组成编写小组并组织小组成员研修学习。小组成员必须掌握有关制订经营计划的专业技能和综合知识，同时小组成员之间的交流也十分必要。准备期为 1 个月即可。

在②项中，有选择项目、分析项目、收集各种材料和进行分析这几个步骤。其中，环境分析和企业分析都要花费大量的时间，但它们是制订计划的前提条件，所以不能半途而废，至少需要 3 个月的时间。

在③项中，从设定企业目标开始要用 3~4 个月制订长期计划。不过，中小企业可以先编写中期计划。

## 日程表（3 月决算的例子）

| 项目名称 | 6月 | 7月 | 8月 | 9月 | 10月 | 11月 | 12月 | 1月 | 2月 | 3月 |
|---|---|---|---|---|---|---|---|---|---|---|
| 经营计划委员会 | ▲ | | | | ▲ | | | ▲ | ▲ | ▲ |
| 现状分析和选定项目 | | ←——————→ | | | | | | | | |
| 汇总资料 | | | | ←——→ | | | | | | |
| 编写中期计划 | | | | | ▼ | | | | | |
| 全公司计划 | | | | | | ←————————→ | | | | |
| 部门计划 | | | | | | ←——→ | | | | |
| 收益计划 | | | | | | | | ←——→ | | |
| 全体调整 | | | | | | | | ←——→ | | |
| 单年度计划 | | | | | | | | | | ←——→ |

短期计划是根据中期计划设定出的年度目标、方针编写的年度预算，制订时间要 3 个月左右。总而言之，如果只是短期计划，3 个月足矣！

◇ **实施计划的做法**

可以说，一个计划的实施要比制订更为重要，更有难度。实施计划时，希望中、长期计划采用规划小组的方式，而中小企业则可以采用以企业负责人为核心的方式，之所以这样说，是因为它能充分发挥并提高经营者的领导才能。

短期计划基本上由部门本身实施，但实际上往往需要各方面的支持和协作。而且一旦计划制订下来，就要迅速地采取推进措施，否则日常业务会陷入杂乱无章的局面。

# 第二章

# 企业分析和
# 环境分析的方法

# 企业分析的方法

## ◆总体进行定性、定量分析
### ◇进行企业分析的原因

在经营计划中，最重要的是设定目标并制订出实现该目标的方法。因为单纯地依靠感觉或者希望制订出的经营计划往往是毫无价值的。因此，制订经营计划时从收集经营信息的角度考虑，绝对有必要进行企业分析活动。

所谓企业分析就是了解本企业的工作。具体地讲，就是要明确本企业的特点以及在经营活动中的定位，还要整理出应致力于怎样的协调工作等，以上这些可作为信息运用到经营计划中去。

由于不同的企业其发展过程各不相同，每个企业都有各自的特点。因此，只有充分根据本企业特点制订经营计划，才能得到员工的认可；而且根据企业的客观情况把改进不足和进一步发挥优势的对策编写到经营计划中也是十分重要的。

为了掌握企业整体经营情况，有必要科学地分析企业的经营活动。在分析这些经营活动的方法中，有依据数字的定量分析（计算）和不依据数字的定性分析（非计算）。其中，定量分析包括针对全公司经营方面的"总资本经营收益率"、纵览商品收益率的"销售额总收益率"以及观察经营活动效率的"销售额营业收益率"。定性分析则要考虑"组织能力分析"、"产品赢利能力分析"、"销售能力分析"以及"经营能力分析"等。

## 企业分析的必要性

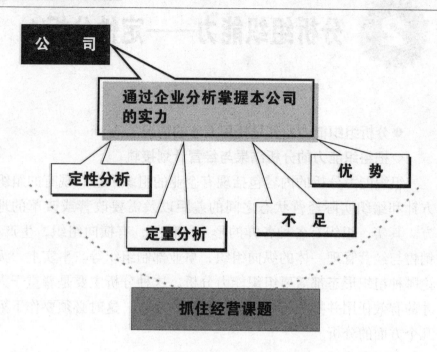

# 2 分析组织能力——定性分析①

◆分析组织能力尤其是任用人才的情况

◇把组织能力的分析结果与经营计划接轨

组织能力分析的内容包括现有企业的组织形态、现有的组织方针和组织实际经营状态之间的差距以及需要改善或改革的地方。其实，组织有各种各样的形态。譬如，有横向组织，生产、销售与经营管理一体的纵向组织，事业部制组织等。事实上，无论哪种组织形态都需要组织能力分析。这种分析主要是着重于人才的有效任用并把分析结果与经营计划接轨。这时必须要作下列几个方面的分析。

①报酬分析

②工作热情、员工情绪调查

③劳动生产率分析

④稳定率分析

⑤教育训练制度的调查

⑥提升、破格提升的实绩调查

⑦员工的年龄分布调查

⑧不同岗位的人才分布调查

⑨福利待遇制度分析

## 纵向组织结构图

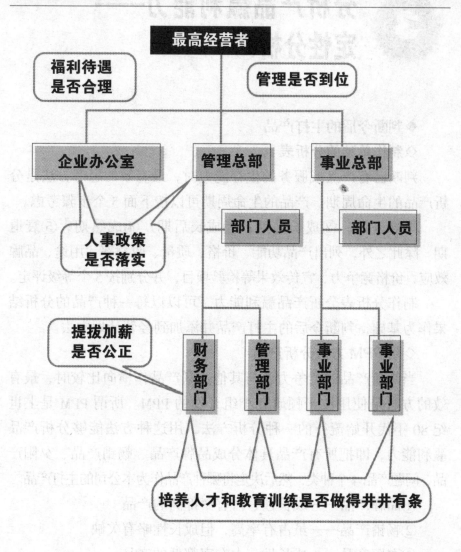

# 3 分析产品赢利能力—— 定性分析②

## ◆判断今后的主打产品

### ◇制作单独的分析表

判断已有产品或服务的生存能力时，最有效的思考方法是分析产品的生命周期。产品的生命周期可以按下面 5 个步骤考虑。

①导入期；②成长前期；③成长后期；④成熟期；⑤衰退期。除此之外，列出产品功能、价格、质量、收益率、用途、品牌效应、价格竞争力、宣传效果等检验项目，并分别按 5 个等级评定。

制作分析表分析产品赢利能力，可以以每一种产品的分析结果作为基础，判断今后的主打产品并添加到经营计划中去。

### ◇用 PPM 方法分析产品

当判断产品的竞争力或与其他关联产品作横向比较时，最有效的方法是使用波士顿研究小组开发的 PPM。所谓 PPM 是上世纪 80 年代开始流行的一种分析方法，用这种方法能够分析产品赢利能力，即把所有产品具体分成品牌产品、畅销产品、夕阳产品、问题产品 4 个种类，然后决定将哪种产品作为本公司的主打产品。

①品牌产品——成长性、占有率都高的产品

②畅销产品——虽占有率高，但成长性略有欠缺

③夕阳产品——成长性、占有率都低的产品

④问题产品——成长性高，但占有率异常低下

综上所述，对上述四种产品要分别采取对策，编入经营计划中。

## 产品赢利能力分析表的例子

| 项　目 | | A产品 | B产品 | C产品 | D产品 |
|---|---|---|---|---|---|
| 功能 | 基本功能 | 5 | 4 | 3 | 4 |
| | 附加功能 | 3 | 5 | 2 | 3 |
| | 服务功能 | 2 | 3 | 4 | 4 |
| 价格 | 竞争力 | 1 | 2 | 1 | 2 |
| | 收益率 | 5 | 1 | 5 | 5 |
| | 市场占有率 | 4 | 2 | 2 | 3 |
| 质量 | 信誉度 | 3 | 5 | 4 | 3 |
| | 稳定性 | 2 | 4 | 5 | 3 |
| | 安全性 | 3 | 3 | 1 | 2 |
| 交货期 | 及时性 | 4 | 2 | 2 | 3 |
| | 小批量情况 | 5 | 1 | 1 | 3 |
| | 限制性 | 3 | 1 | 2 | 3 |

按5个等级评定：5优　4良　3一般　2较差　1差

## 用 PPM 作产品分析

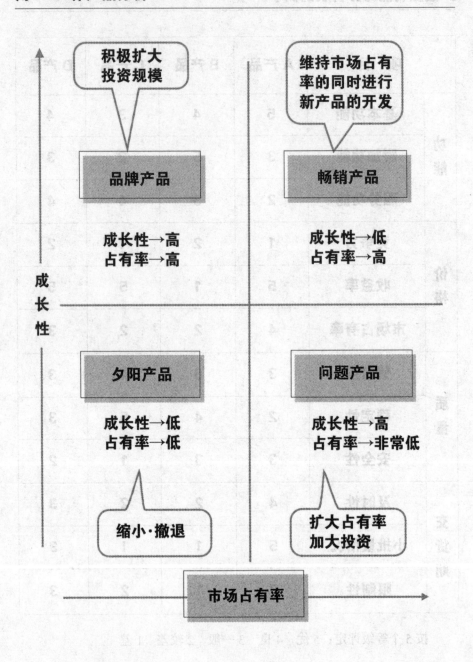

分析成长能力——定量分析①

◆根据销售额增长率判断成长能力高低
◇根据成长能力制订对策

在为中小企业作经营分析的时候，先大致地了解公司的实力比作细致的分析更为重要。因为这样做易于把分析结果应用到经营计划中去。

分析成长能力是根据企业外部环境和内部因素进行的。其中充分地把握内部因素是非常重要的。成长能力分析首先要以销售额增长率为中心，销售额增长率反映了该年度的销售额与上一年度的销售额相比较所得出的增长情况，然后以此衡量人工成本增长率、经营收益增长率等。例如，当管理费增长率、人工成本增长率高于销售额增长率的时候，说明成长能力降低；当经营收益增长率、固定资产增长率提高的时候，说明成长能力稳定，企业呈良性发展趋势。这样，通过每个比率是否上升的情况制订出相应的对策。

## 把握成长力比率

人工成本增长率 $\longrightarrow$ $\dfrac{\text{本期总人工成本}}{\text{前期总人工成本}} \times 100\% - 1$

销售价格增长率 $\longrightarrow$ $\dfrac{\text{本期销售价格}}{\text{前期销售价格}} \times 100\% - 1$

制造价格增长率 $\longrightarrow$ $\dfrac{\text{本期制造价格}}{\text{前期制造价格}} \times 100\% - 1$

销售管理费增长率 $\longrightarrow$ $\dfrac{\text{本期销售管理费}}{\text{前期销售管理费}} \times 100\% - 1$

固定资产增长率 $\longrightarrow$ $\dfrac{\text{本期固定资产}}{\text{前期固定资产}} \times 100\% - 1$

总资本增长率 $\longrightarrow$ $\dfrac{\text{本期总资本}}{\text{前期总资本}} \times 100\% - 1$

$\vee$ 没有成长力　　$\wedge$ 有成长力

销售额增长率 $\longrightarrow$ $\dfrac{\text{本期销售额}}{\text{前期销售额}} \times 100\% - 1$

$\wedge$ 有成长力　　$\vee$ 没有成长力

经营收益增长率 $\longrightarrow$ $\dfrac{\text{本期经营收益}}{\text{前期经营收益}} \times 100\% - 1$

自有资本增长率 $\longrightarrow$ $\dfrac{\text{本期自有资本}}{\text{前期自有资本}} \times 100\% - 1$

分析收益能力——定量分析②

◆总资本经营收益率反映收益能力

◇这种分析对中小企业十分必要

总资本经营收益率是衡量经营活动的标准。通过这一比率每年的上升、下降来判断企业收益能力的大小。这一比率分为总资本周转率和销售额经营收益率，以此来确认是通过总资本的周转速度提高的效益，还是用商品本身的赢利能力提高的效益。另外，销售额经营收益率体现了财务的收支状况，经营收益是营业收益加上营业外收益（除去营业外费用），营业外收益是指存款及投资收取的回报等，而营业外费用是指借款的利息等费用，因此，这一比率显示了企业的资金成本和资金是否充足等情况。另外，从销售额营业收益率可以看出经营活动的效率，因为从销售总收益中减去销售费和一般管理费就是营业收益，所以要注意减去这两项经费。

总之，有必要利用这些经营指标来分析收益能力并制订经营计划。

## 把握收益能力的比率

总资本经营收益率 $\longrightarrow$ $\left( \dfrac{\text{经营收益}}{\text{总资本}} \times 100\% \right)$

总资本周转率 $\longrightarrow$ $\left( \dfrac{\text{销售额}}{\text{总资本}} \times 100\% \right)$

$$\times$$

销售额经营收益率 $\longrightarrow$ $\left( \dfrac{\text{经营收益}}{\text{销售额}} \times 100\% \right)$

销售额总收益率 $\longrightarrow$ $\left( \dfrac{\text{销售额总收益}}{\text{销售额}} \times 100\% \right)$

销售额限定收益率 $\longrightarrow$ $\left( \dfrac{\text{销售额} - \text{变动费用}}{\text{销售额}} \times 100\% \right)$

销售额营业收益率 $\longrightarrow$ $\left( \dfrac{\text{营业收益}}{\text{销售额}} \times 100\% \right)$

# 6 分析财务体制——定量分析③

◆**资本的构成**

◇**把握资本构成的方式**

固定资产比率显示了财务体制的强弱程度。依靠股东资金筹集的固定资产记载在资产负债中，它是制订资金计划中最根本的经营指标。

所谓总资本是指在负债资本合计（资产负债表最下面的数字）中，加上了收取票据贴现额的部分，它体现了有多少资金用于经营活动。而且，用这一固定资产除以总资本就得出了固定资产比率。另外，固定资产比率高当然是件好事，但是为了提高比率轻易地进行增资是不可取的。

事实上，资本筹集在如今的经济环境中并不是一件容易的事，而且必须要考虑分红等资金成本的因素。为此，首先要强化全公司的管理能力，杜绝产生无效的费用支出以力求巩固财务体制。

在健全财务体系的过程中，固定资产比率的分析结果对年度计划、中期计划、长期计划起着非同小可的作用。对于固定资产比率偏低的企业，可以相应地考虑采取压缩库存、回收欠款、减少贷款等对策。

◇**掌握费用的使用情况**

掌握费用的使用情况或者说分析经营情况要依靠损益计算分析表。它是检测经营是否安全的尺度，也可以说是衡量企业是否赤字经营以及是否安全经营的工具。

**把握资本的平衡**

| 资本的运用 | | 资本的筹集 | |
|---|---|---|---|
| 流动资产 | 速动资产 | 负债 | 流动负债 |
| | 盘存资产 | | |
| | 其他流动资产 | | 固定负债 |
| 固定资产 | 有形固定资产 | | 专用资金 |
| | 无形固定资产 | 资本 | 资本金 |
| | 投资等 | | 法定准备金 |
| 递延资产 | | | 余款 |

**把握自左向右的资金流向**

其实，销售额减去经营收益所得的是总费用，再由总费用扣除变动费用就成为了固定费用。再根据这些要素（如图所示），一一地计算出边际收益、变动费用率、边际收益率、固定费用率、盈亏临界点以及盈亏临界点运行率等。计算盈亏临界点运行率首先是把盈亏临界点的位置与销售额对比来查看是否有高低的情况。之后把这个盈亏临界点运行率从 100% 中减去，所得的值就是经营安全度。最后根据这一指标来判断财务体系的安全状况。具体地说，经营安全度低于 10% 时必须采取改进措施。为了通过费用构成判断对企业体制有所帮助，需要确立如下目标。

①为了使边际收益率提高，要力求提高销售

②提高生产、销售效率来降低变动费用

③提高产品的竞争力，提高产品本身的附加价值

## 把握损益分歧点

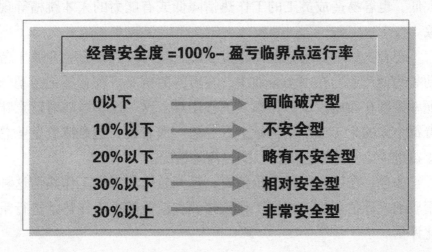

边际收益 ➡ 销售额 – 变动费用

变动费用率 ➡ $\dfrac{变动费用}{销售额} \times 100\%$

边际收益率 ➡ 100%– 变动费用率

固定费用率 ➡ $\dfrac{固定费用}{销售额} \times 100\%$

盈亏临界点 ➡ $\dfrac{固定费用}{边际收益率} \times 100\%$

盈亏临界点运行率 ➡ $\dfrac{盈亏临界点}{销售额} \times 100\%$

固定费用 = 总费用 – 变动费用

经营安全度 =100%– 盈亏临界点运行率

0以下 ➡ 面临破产型

10%以下 ➡ 不安全型

20%以下 ➡ 略有不安全型

30%以下 ➡ 相对安全型

30%以上 ➡ 非常安全型

**7** 分析人力资源——定量分析④

◆掌握劳动生产力和劳动分配率之间的关系
◇将人力资源与经营计划结合起来

劳动生产力一般是用员工每个人的年销售额或每个人的大概劳动价值来评估的。其中，每个人的年销售额是用企业的年销售额除以员工人数算出的。这一数值因企业规模、企业性质以及企业的经营情况而不同，所以要与同一性质、同一规模的企业作比较来衡量劳动生产力的高低。

另外，根据生产阶段人工成本占有比例的大小分析人才的经营贡献度，这就是劳动分配率。从这个比率可以看出销售总收益中包括多少人工成本。

对于企业来说，往往认为人工成本越少越好，其实工资待遇太低，也容易造成员工的工作热情降低或有能力的人才跳槽等现象。

还有，如果劳动分配率超过50%，就可以判断出企业属于劳动集约型产业。在中小企业中，在可能的情况下都希望把劳动分配率控制在40%以下，但事实上很困难。这一比率居高时就意味着每个人的人工成本呈持续上升趋势。或者说，这意味着企业总收益过少以及董事会成员报酬过高等情况。

如今，在评价人才的价值时，已开始把职工的工作热情这种素质纳入评估表中。根据工作情绪调查就能够把工作热情进行量化评估。

## 评价人才的价值

$$每个人的总收益 = \frac{企业年总收益（毛利）}{员工人数}$$

$$每个人的销售额 = \frac{企业年销售额}{员工人数}$$

与同行业同规模企业比较，取得高数值为好

$$劳动分配率 = \frac{人工成本}{销售总收益（边际收益）} \times 100\%$$

人工成本：董事会成员报酬，员工的工资、奖金、雇工费、福利待遇费用以及员工住宅补贴等费用。

# 8 外部环境因素

## ◆微观环境因素和宏观环境因素
### ◇预测企业经营环境

环境分析在制订经营计划时起着非常重要的作用。可以说，不根据企业外部环境变化采取相应的措施，企业想发展是不可能的。因此从这个意义上讲，分析外部环境是绝对必要的。环境的变化与企业成长息息相关，也对企业发挥着约束作用，它具有双重性。同时，因为不同企业其规模、性质等也不同，所以每个企业都要研究一下环境分析的范围。

通常情况下，企业环境分析的范围分为两种，一种是微观环境，即仅限企业目前涉及的业务范围；一种是宏观环境，即拓展到其他领域。分析的基本目的是预测环境的变化对本企业的经营会造成怎样的影响以便制订经营战略。通过分析微观环境对于现在事业领域的影响可以决定近期经营计划。但是，如果想展望中、长期经营计划，不仅要分析目前的事业领域，还要分析关系到企业的整个大环境的局面；同时在设定企业目标时要活用分析结果，并为改革事业构造制订经营战略，由此可见，这时需要对宏观环境进行分析。

今后，经营环境越来越难以预测，经营者的判断失误很容易导致企业的衰败，为此，企业环境分析不能凭经验或主观意志来进行，必须重视数据资料。只有这样，合乎逻辑的分析才能与有效的经营计划结合起来。而且，中小企业不必像大企业那样专设调查部门，连一般经济形势也作分析，分析出直接影响本企业的

## 企业环境的内容包括

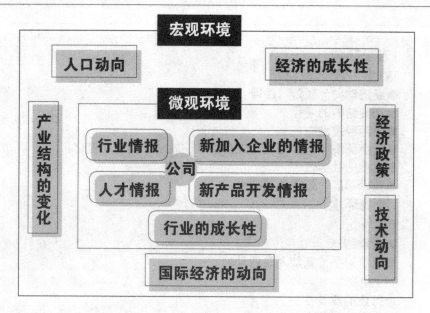

要素足矣！

◇环境因素的选择方法

对中小企业来说，进行企业环境分析时，怎样选择环境因素是关键。这是因为如果不分轻重而无条件地选择所有因素，虽然避免了情报的疏漏，但之后的大量分析工作是难以承受的，其结果往往导致半途而废。因此，选择环境因素需要做如下工作。

①选出对本企业影响较大的因素（选出数个因素，按重要程度依次排列）

②从诸多的因素中，再缩小到对本企业经营最有影响的因素（在重要度高的因素中决定缩小的范围，然后收集情报）

③判断环境因素的相互关联性，之后选择与重要因素相关联的因素（从因素相互关联的角度调查分析其他因素）

④分析考虑企业能力所及的项目

⑤把微观环境的因素按每一产品、每一顾客选定出来

## 环境因素的体系

[宏观环境]
（社会经济、政治）
● 经济动向、政策（法律、法规）
● 产业结构的变化
● 国际经济动向
● 社会环境（消费结构、人口结构、就业形势等的变化）
● 企业的社会性
● 技术动向、经营管理技术
[微观环境]
（竞争）
● 竞争结构
● 竞争对手、新加入企业动向
（行业）
● 行业的成长性
● 行业的问题点
● 关联行业的动向
● 行政管理的政策、规定
（市场）
● 市场结构
● 顾客、消费动向
● 需求预测
● 流通结构
（产品、商品）
● 产品结构、动向
● 新产品开发动向
● 供给情况
（资源）
● 原材料的动向
● 技术、情报动向
● 人才动向

# 9 环境分析的方法

### ◆环境分析的程序
### ◇有效分析的五大步骤

由于围绕企业的经营环境涉及很多因素，在本企业的经营计划中，如果不在必要的范围内选择环境因素，那么将会一无所获。因此有必要根据本企业的目标进行分析。环境分析可以按如下程序逐步进行。

①选择对本企业经营最具影响的环境因素

首先，卓有成效的环境分析需要选择符合本企业目的的要素。尤其对于中小企业来说，无的放矢地分析反而容易产生问题，甚至失去分析的意义。

②收集有关选定环境因素的情报

为了不脱离分析目的，就要收集必要的情报，因为收集符合分析目的的情报是决定结果成败的关键。

③依靠收集的情报预测各个因素的未来变化

把收集的情报对照本企业的实际情况，能够作出环境变化情况下的预测。

④评定环境变化情况下的预测对企业的影响

评定对本企业影响的内容、程度以及时间等，并以此分析影响的优劣程度。

⑤引导出经营战略

集中制订出应对环境变化的措施，或者开创新型事业等的具体方案。

## 环境分析的程序

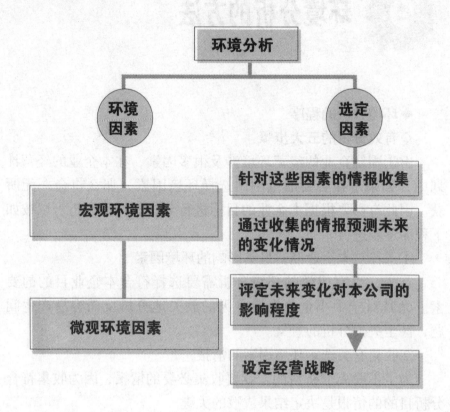

# 10 收集环境因素的情报

## ◆收集情报的四大要点

### ◇合理地运用情况

关于环境因素的情报，并不是轻而易举就能收集到的。有时尽管花费了大量的时间和费用，却未必收集到准确恰当的情报。因此，为了掌握有效的情报，要注意合理地运用如下原则。

①瞄准决定环境因素的分析目标

没有分析目标就不能有效地收集情报。换句话说，如果不集中某一因素收集情报就不能达到预期的分析结果。

②有计划地收集情报

当然，花费越多时间越能收集到更多的情报。但从另一方面讲，收集的情报越多就需要花费越多的时间去整理、分析，很难一下子处理利索。因此，需要决定好优先收集哪些情报，并分阶段地进行收集。

③尽量事先做好情报调查的准备工作

事先做好明确情报的来源、收集的程序等准备工作是非常重要的。或者说，有必要研究一下如何节省时间、费用来收集到想要的情报。

④着重分析目的收集情报

按照分析目的收集情报是非常重要的。

### ◇中小企业收集情报的方法

关于环境因素的情报是无处不在的。若不管情报的质量，那么到处都是情报。尽管如此，与经营计划切实相关的情报少之又少。

在宏观情报中，有中央政府、省、市等的公开信息，各省、市企业情报中心等的数据库情报，智囊公司、金融公司、机关、商会等的情报；在微观情报中，有来自企业经营负责人、客户、供应商、合作伙伴等方面的情报。

作为中小企业，收集情报的方法就是平时把与本企业有关的行业情报有意识地收集起来。不过，不能相信所有到手的情报，要加以判断和筛选。因为其中不乏一些缺乏客观性的虚假情报。

行业情报的来源一般是通过所谓的中介人，比如通过同行业之间的聚会、见面等场合得到的。此外，也可以通过顾客、供应商以及银行、行业团体等渠道获得有益的情报。再有，通过不同行业之间的交流也能够取得产业动向、经营管理指南或开发项目等情报，甚至创新型企业要积极地广开渠道，收集世界范围的专利情报、技术情报以及经营技术方面的资料。

**环境变化和经营战略之间的关系**

◆**从预测环境变化到评价其影响**

◇**预测环境变化**

围绕各个环境因素收集了许多情报之后，就能够以此为基准进行环境变化的预测了。当然，收集的情报本身也许包含着预测将来的内容，但是大部分情报是从对本企业是否有影响这一角度来独立进行变化预测的。

首先，不要把情报作为单纯的资料看待，而是必须从这些情报中挑选出预示着未来的方向或动向的内容加以归纳。这样做的目的，是因为它可以体现出环境变化对本企业有怎样的影响，之后企业怎样面对和处理这些影响以及以此提出什么样的战略项目等问题。也就是说，与收集情报相比，切记更要挑选出情报中的关键东西。

其次，统计资料、经济动向等情报是很难单独使用的，要把它们综合在一起来解读。因为每个情报零散的内容居多，所以大多是通过组合而成为预测未来的情报。

再有，正确地预测环境变化是非常难的。虽然消耗了时间，花费了金钱，但也不一定能取得相应的成果。因此，适当地取舍情报，掌握长期以来的变化规律并遵循该规律把握未来的发展方向是十分重要的。

◇**环境变化所造成的影响**

即使预测了环境变化，这种变化也不一定会对本企业造成影

**预测环境变化的方法**

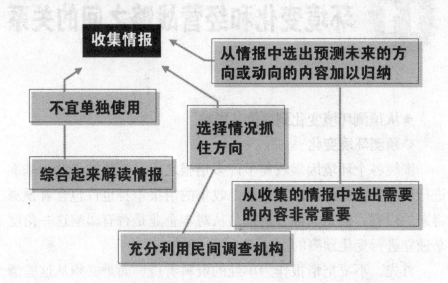

响。因为每个企业的状况各不相同。因此，制订经营战略时，必须再次审视一下环境变化对本企业的影响程度，并在此基础上制订出预测环境变化的方法及经营战略。

其实，环境变化对于企业往往是有利有弊的，受其影响，不同企业所选择的战略也有所不同。当然，环境变化毕竟具有一定的作用，所以有必要从两个方面评价和对待。

此外，通常的评价都比较倾向于是弊大于利，这样一来企业常常会失去不少成长发展的机会。这里要注意的是，环境变化的时候，要抓住对企业影响较大的因素以及选好应对时机等问题。对于那些会影响较大的环境变化情况，必须从根本上迅速地制订出企业经营战略，而且预测其持续性的变化时要预判其持续时间以及今后各个时期对企业造成的影响程度。

而且，根据宏观的环境变化制订经营战略时，常常有意识地进行企业目标的设定也很重要。

第三章

# 制订中、长期经营计划的方法

# 制订长期计划的要点

◆明确制订长期计划的目的和程序
◇制订长期计划的目的

长期计划是以设定企业目标和为实现该目标制订相应的经营项目为目的的，同时，明确如何实施企业的发展战略也是目的之一。

对于企业的目标问题，必须研究企业理念和长期规划，这些都是长期计划的基础。也就是说，如何设定企业的目标关系到长期项目或中期计划的决策问题，所以必须慎重决定。

所谓企业理念，是根据今后企业应尽的责任和经营活动的方针等内容归纳而成的，它对于推动企业发展和建立完善的体制是十分必要的。

长期目标则是长期经营目标的具体化形式。长期目标一摆到现实面前，就可以看出远大目标与现实的差距，这时需要研究怎样才能达到目标、怎样制订相应的方案等问题，同时也形成了长期经营的项目。

同时，中小企业的长期经营项目一般都具体表现在中期经营计划中。因此中期计划同样存在着构想怎样实现长期目标的问题。通常情况下，设定期限分别有3~5年或10年的，但对中小企业来说，企业还是根据自身经营的实际状况决定期限为宜。

◇制订长期计划的程序

长期经营计划是根据企业分析、环境分析的结果来制订企业目标和长期经营项目及其具体实施方案。具体程序如下。

## 长期经营计划的构想图

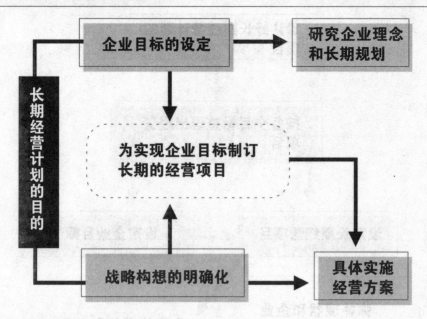

①确定长期经营项目

把长期经营计划的项目以长期、中期或怎样设定企业目标等为基础整理出来，然后挑出对企业目标有作用的项目。

②设定企业目标（企业理念和长期规划）

首先要确定以哪个企业为自己的经营目标或榜样，然后再设定企业目标就轻而易举了。

③设定长期经营项目

为了实现企业目标，弥补企业现状与目标之间的差距，要设定长期经营项目，并根据企业分析和环境分析得出的长期经营项目，挑选那些符合本企业的目标以及可以实现该目标的项目来做。

④分阶段地制订经营项目的具体实施方案

长期经营项目是作为弥补企业现状和目标之间的差距而设定的，为了把企业目标与现状相结合，要把长期项目安排到各个计

**长期经营计划的程序**

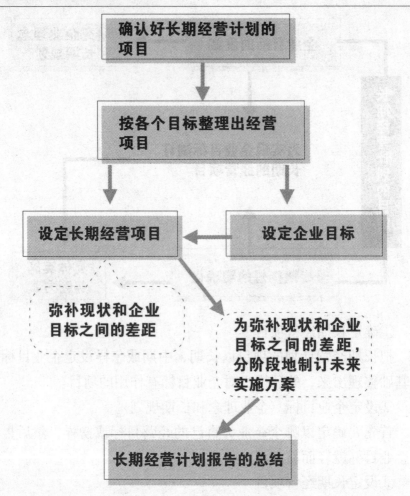

划时间内考虑，具体的做法是在中期计划中实现。同时，按照项目的重要程度在中期计划中分阶段进行实施。

⑤长期经营计划报告

作为长期经营计划，为了把汇总的内容向他人展示、传达下去，需要做出计划报告。如果觉得书面形式复杂，实际上有的经营者常常通过自己的举止行为传达给广大员工。

# 明确长期计划中的企业目标

◆**企业目标包括企业理念和长期规划**
◇**分别考虑企业理念和长期规划**

所谓企业规划是指企业为未来设计的一个整体宏伟蓝图，具体由企业理念和长期规划构成。因为前者是企业的目的或经营活动的目标，所以不能轻易地改变。只是根据企业分析、环境分析的结果，在需要变革的时候才适当改变。

企业理念既表现为企业目的或基本方针、经营宗旨，也体现为经营的基本方针或行动指南，可以称之为企业的宣传口号。首先，企业理念是否应该原封不动地纳入企业规划的长期计划中值得研究，而且还要检验所制订的长期计划是否认真地落实了创业理念或符合企业特征。其次，要随时根据环境的动态变化来预测企业的发展方向，而且还要研究如何应对各种变化情况。同时，长期规划是以数值为中心，它体现了企业要实现的长期经营目标，所以，如果说企业理念是观念的东西，相对而言长期规划可以说是金钱上的目标。

例如：理念的东西包括诸如为了摆脱只是单纯承包项目或企业形象而开发本公司的品牌；文化规划，像通过赞助运动会而为社会作出贡献；定位规划，则可以以××市首屈一指的企业为奋斗目标等。这些都简单地表现了该企业今后想要从事哪种经营的"经营设想"。那么，长期的数值目标体现了经济的定量目标。例如：希望达到多大的销售规模，希望提高多少利益水准，希望扩大到怎样的人员规模等。只有根据这些定量的目标才能明确长期规划的具体内容。也就是说，长期规划的数值目标在设定销售额、经营收益、员工人数、总资本经营收益率等项目的同时，还应该在事业开展方面设定不同事业部的销售额、多元化比率等内容。

为了实施企业理念，如何制订计划是长期经营中的课题，因此在制订计划时要注意如下几点。

①以企业理念为目标制订方案

②能够针对当前现状制订战略措施

③要系统整理出经营战略的项目并集中做好当前工作

# 3 设定项目计划

**◆着手研究现有的项目和产品市场**

**◇有计划地设定项目计划**

长期的经营计划是由项目计划、组织计划、职能议定等组成的。其中，项目计划分为现有经营的构成和产品市场两个方面。

在现有项目计划的构成中，要通过各个项目的收益性、市场规模等来分析评价该项目具有多大的吸引力。同时，在目前的项目领域中，要通过销售规模、成长性、市场占有率等因素来评价本公司的优势程度以及在同行业中所处的位置，之后再把这些评价结果综合在一起来决定应该努力的方向。当然，对于那些收益高的项目领域要积极地扩大规模；相反，对于那些失去吸引力的项目要想办法撤下；对于新开发的项目要研究的问题是想开拓出什么样的规模，以及要把该项目的销售结构进行定位。这些问题的研究需要一定的时间，因此有必要在中期计划中进行讨论。

另一方面，对于产品在市场方面的战略问题，必须要研究在什么方向具有开展项目的能力。例如：不改变产品而考虑市场的扩大或缩小问题，还是保持产品不变而改变市场；是维持现有的市场规模投放新产品，还是开发新产品扩大市场等，选择形式要多种多样。因此，必须分析评价每个产品和市场是否具有长久赢利性的问题。

## 设定项目计划的要点

**做出打破现状的战略性计划**

↑

**要注意，因为过于集中精力搞销售目标、销售结构比例目标、市场占有率目标等工作，而容易导致目光短浅、维持现状的局面**

**抓住时机决定扩大或撤下项目**

↑

**要注意策略，把握时机尤为重要**

# 4 设定职能、组织计划

## ◆系统地设定计划

### ◇有计划地设定职能计划

职能计划要依据项目计划，把经营中为发挥好各自职能的对策按照企业分析的结果设定出来。为此，首先需要创建必要的职能机构，并对商业活动的现状进行评价。可以说，为了实现所定目标的项目结构，有必要事先对各个职能——落实。在落实过程中，可以对选出的职能研究一下它应具有的标准以及以怎样的形式使其实现的问题。对于量的标准，诸如从业人员或生产能力等，要确定出这些前提条件后再设定；对于质的标准，则要根据本企业的目标来设定。当然，对于一些中小企业来说，也许很难拿出具体的对策，不妨索取一些同行业其他企业的案例或资料、情报等作为参考。同时，还要比较职能的现状和期待的职能标准来确认两者之间的差距，以便把各个职能需要革新的部分作为经营战略的项目挑选出来，尤其是因为新开创的项目急需一些以前尚未有的职能，所以必须通过和外部企业的合作或在其提携、帮助下来建立这些职能。

### ◇设定组织计划

在长期经营计划中，从组织角度考虑，最好的企业组织形式和怎样搞好企业文化以及怎样和其他公司进行合作等问题都是组织计划应考虑的范围。因此，为了实现项目计划、职能计划，有必要做好组织计划的工作。

**选出革新必要的事项**

选出必要的职能事项

根据项目结构的变化，选出需要革新的必要事项；根据市场的产品结构变化进行特定产品生产规模的扩大或缩小；根据顾客结构的变化，营业功能（服务）进行变化。

根据经营目标而寻求要革新的职能

全选事项

有必要重新筛选

在经营结构的革新中，组织改革是行之有效的方法之一。例如：为了变更项目结构而削减关联部门，或者为了新兴项目而设置新部门，还有为了扩大经营建立项目部门时要招纳有用人才，甚至有时还必须研究一下为了实现项目计划，需要创造一种什么样的企业组织、企业文化以及怎样将原有企业的闲散作风转变成积极向上的创业作风等问题。

为此，首先要确认一下目前的组织形态是否适应实现项目计划的要求，其次要探讨一下怎样克服困难并建立一个能勇于实施战略的组织，这时要明确到底需要一个什么样的组织，该组织究竟要担负什么样的使命，以此确认组织形态的具体建设方向。同时，为了使现有的组织注入新鲜的东西，要对战略项目加以研究。其实，企业组织所面临的问题一般以项目结构或职能方面缺陷居多，所以不弥补这些缺陷，再怎么进行组织变革也一定会产

## 组织计划的目的

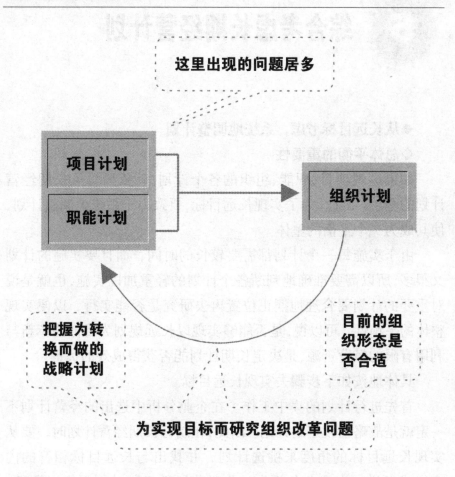

这里出现的问题居多

项目计划

职能计划

组织计划

把握为转换而做的战略计划

目前的组织形态是否合适

为实现目标而研究组织改革问题

生新的问题。由此可见,只有在解决了组织问题的缺陷点的前提下才能有效地实施组织战略。另外,当本企业的经营资源不足时,吸引外部资源是大有裨益的。

# 5 综合考虑长期经营计划

## ◆从长远目标考虑，系统地调整计划

### ◇总体平衡的重要性

如果纵观项目、职能、组织的各个计划，就依稀可见长期经营计划的全貌。因此，为了实现长远目标，要致力于系统地调整计划，使其成为一个平衡的整体。

由于实施每一个计划都需要较长的时间，而且要实施的计划又很多，所以需要准确地判断各个计划的轻重加以实施，也就是说对重要的计划要合理地摆正位置再去研究是否能实行，以便实现整体的平衡性。可以说，是否能够实现以长远规划为目标的革新与利用有限的经营资源，是决定长期计划能否获得成效的关键。

具体地按如下步骤去实现长远目标。

首先进行计划的集中工作。在企业分析中选出的经营计划不一定就是战略上设定的计划。因此，在制订长期经营计划时，要从实现长远目标的角度来挑选计划，并找出与长远目标相符的内容。或者说，在企业分析中，先吸收所选出的计划再加以调整；如果吸收不了的内容索性不作为计划而干脆作放弃处理。

其次要把整个企业的计划和各个项目的计划区别对待。

### ◇选定视为重点的计划并形成体系

当项目结构、产品计划、市场规模过大的时候，就有可能造成经营计划杂乱无章的局面，同时由于有关职能、组织的计划过多，所以为了实现目标，要集中选定视为重点的计划。

为此，首先从各个项目的有关职能、组织的计划中，选出围绕实现目标的核心内容。只有把各个项目集中到3~5个内容才能有效地付诸实践！

其次，以这些重要计划为中心，汇总相关的战略计划形成体系。这样就能纵览到包括项目计划在内的所有长期经营计划。为此，要充分考虑到本企业的经营范围、能力等因素来研究是否能实现计划。其中，对于本企业的经营范围，如果不用数字说明，资金、人员等情况是很难确定的，所以必要时要核对人员、投资额等数值。当判断这个阶段难以实现某一计划时，就要重新评价计划并选出预备方案。

最后，把计划列为图表形式，让人一目了然地看到计划各个方面之间的关系，这一点是非常重要的。

◇**未来构想所起的作用**

在计划期间内，怎样实施长期的经营计划并具体地进行下去是值得考虑的问题。也就是说，需要决定好长期经营计划的实施顺序以及时间，这样才能为中期计划提供导入指南。长期计划与中期计划的结合对未来构想起着非同小可的作用。通常情况下，如果中期计划为3年时间，那么长期计划按照每3年为一个时间段展开。

这种未来构想要按如下要点制订。

①确认各个阶段应做的事情，为最终实现长远目标，要综合判断每个阶段应把工作做到何种程度。

②设定不同阶段的销售目标、市场占有率目标等，组成项目的预期目标。

③产品、市场组成的目标要在各个阶段中设定折中目标。

④对在职能、组织计划中视为重点的部分，要设定出在各个

阶段完成的目标，其中根据不同阶段的未来构想，重要计划需特别具体地体现出来。

⑤根据①~③的结果，把长远目标的长期数值规划作为中期计划的指南，来重新设定不同阶段的目标。当然，这要以完成计划为前提，先设定能实现的理想目标。

◇**重新认识长期计划的重要性**

长期计划要经过漫长的推行时间，其间往往会有预想不到的环境变化或战略需要的改变，这时必须重新评估长期计划，否则就会造成实际经营活动与长期计划之间不相吻合，使经营的基本指南——长期计划处于毫无用武之地的尴尬局面。因此，重新按照实际情况修改长期计划，使其作为基本指南发挥应有的作用是十分必要的。

首先，要重新认识不同阶段的数值目标，错估经济形势或制订过高的目标，很容易和现实产生较大的差距。如果差距很小，倒是能通过补充一些战略措施来完成当初的目标。但如果差距太大，就需要重新审视目标值了。

# 6 制订中期计划的要点

**◆综合考虑长远目标和短期计划**

**◇中期计划的目的**

可以把中期经营计划看做是长期经营计划的具体化内容，即为了实行长期计划，具体地设定怎样实现长期经营目标的计划。它要求明确由谁、为什么、怎样、用多少资源、在多长时间之内实现等内容。因此，中期经营计划中的如下要素是与长期计划的各个阶段相联系的。

①长远目标和短期计划的关系

中期经营计划定位于作为目标的长期经营计划和具体实施的年度计划的中间，所以可将其置于决定企业方向的战略位置来制订。

②中期经营目标、战略和经营计划的展望

中期经营计划必须在上述计划期间内才是中期经营计划，而中期经营战略可以说是为了完成这一目标而制订的。随着经营计划的展开，因为许多情况的变化，迫使我们必须重新认识其内容、程序等，而像这种重新认识、重新评估的工作正是制订中期经营计划时要做的。总之，在这项计划中要确认好经营目标和经营战略。

③经营战略的实施项目和重要战略

在实施长期计划中，要把重要的内容与中期计划的时间具体化，而长期计划中的重要战略仅显示为大概的程度，所以要在中

**中期经营计划的结构图**

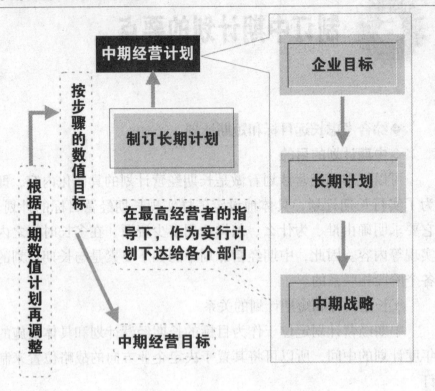

期计划中具体化，即做好从构想到实行的具体化工作。

④中期数值计划和长期计划中不同阶段的目标

中期数值计划是指以经营战略的实行计划作为基础的收益计划、资金计划等。也就是说，要把经营计划中不同阶段的数值目标作为中期经营目标看待才行。

**7 把握中期计划的目标、战略**

◆ **制订从企业环境分析到具体操作的计划**

◇ **从分析企业环境入手**

在设定中期经营计划战略之前，做好本公司的企业分析和围绕公司企业的环境分析是必不可少的一项工作。

制订中期经营计划首先需要确认完成经营计划的实际成果和当初制订的计划之间存在的差距，也就是说，需要先分析产生差距的原因。对于产生差距的原因，可以从两个方面考虑，一方面是由于企业的内部因素造成的，另一方面是由于环境导致的。前者就要重新考虑战略内容、程序、体制等问题，并及时采取补救措施；后者通常以当初分析的企业环境与现实不符的情况居多，所以需要面对现实更慎重地进行环境分析。

长期经营计划的周期一般为 10 年，这样即使考虑分析到未来会面临的情况或注意事项，但分析结果出现不太准确的现象也是在所难免的，然而，中期计划的周期一般是 3 年左右的时间，所以应该能够相对准确地预测，而且对未来的情况也能够积累一定的经验。总之，在编写中期经营计划时，有必要事先做好环境分析，同时通过更为准确的预测去研究经营战略问题。

这样，根据企业分析和环境分析的结果，再重新审视经营计划。这种再度审视工作如果是在第一阶段结束后进行，就以第二、第三阶段为对象；如果第二阶段结束了，就以第三阶段为对象进行。由此循序渐进地进行，就能够开展好规划的第二、第三阶段的经营战略，并作为中期经营战略重新贯穿到中期经营计划中去。

◇**规划中期计划的程序**

中期计划按如下程序进行：

①再次进行企业分析、环境分析工作

根据长期经营计划制订的中期经营计划，在第一阶段可以原原本本利用长期经营计划的结果，但在第二阶段以后的中期经营计划中，为了重视中期经营战略，要再次进行企业分析、环境分析工作。当然，这里要有为了使分析工作与中期经营计划相吻合而改变分析角度的意识。

②重新审视中期经营目标和战略

根据企业分析和环境分析的结果，再次审视与战略构想各阶段相对应的目标和战略，以便确认所实行的中期经营计划的整体结构。

③制订经营战略的实行计划

确认好中期战略和目标后，要确立每个战略计划的实行计划，它是制订中期经营计划工作的核心。

④制订中期数值计划

确定包括收益计划在内的中期数值计划。

⑤制订中期经营计划

◇**制订实行计划的方法**

中期经营战略的实行计划就是具体化地制订每个重要的战略。首先要为重要的战略命名，并设定目标。目标决定实行的进程。其次是研究战略内容，必须设定出推动的程序。

根据战略内容的不同，需要决定由哪个部门进行推动，有时还要新设项目组，并以此为中心去推动战略。一般情况下，对于重要的战略项目，要设置项目推动小组以便全力促进战略的顺利进行。而推动程序通常由指导中期战略的部门负责。

实行经营战略必须选出推动该经营战略的业务机构。在整天忙于日常业务活动的业务部门中，专门选出负责推动战略的业务部门以便推动战略的实施才是实行计划的首要任务。为此，第一，在中期经营计划期间内彻底推进经营战略计划所规定的目标；第二，为了实施这些计划，必要时把计划落实到具体的业务人员手中；第三，把选出的计划按照推动的程序，使相互关系明确并系统化。根据设定的各个推动程序所需要的时间，为了便于管理各个计划的进展情况，也要具体地估算出各个推动程序中每项行动所需要的人员、经费、投资，这一结果是下面要说的数值计划的前提。

◇制订中期数值计划

根据中期战略的项目构成、产品、市场战略设定收益计划（公司的、不同项目的）中销售额的目标。这是销售额按战略规划得到实现的过程，这样，在中期计划期间内设定的各个年度的目标才能成为短期经营计划的指南，尤其是第一年度，要把短期经营计划的目标推行下去。

关于销售成本及销售总收益问题，可以依据过去的实际业绩，做出降低成本等经营战略的实行计划。此外，要在各个重要战略中，合理地分配人力、物资、资金、信息这些经营资源，最后以收益计划和投资计划为基础选出资金计划，并算出营业性盈亏的各个项目。

一提起经营计划这个词，大概许多人会联想到数值计划。事实上，在经营计划是指实行经营战略时，要首先用数值确认应出现什么样的结果。所以说，如果经营战略本身模糊不清，只是凭

## 制订中期计划的程序

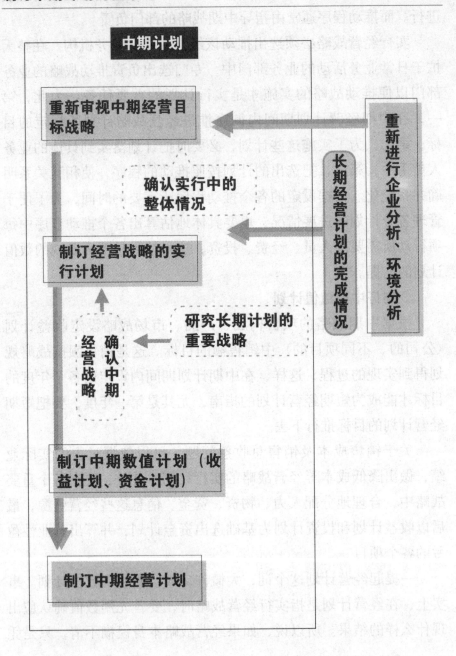

过去的成绩或年度计划的预想编写数值计划再由此决定业绩目标，这样的中期经营计划是毫无意义、大错而特错的。也就是说，制订中、长期经营计划时最重要的一点是作为数值计划的前提条件的经营战略。

◇**重新认识中期经营计划的方法**

有两种重新认识中期经营计划的方法，一种是每年进行审核，把3年左右的中期经营计划按阶段进行审核；另一种是整个期间内从不进行再次审核，也不更改当初的计划内容和目标，一直实施到最后。当然，选择哪种方法都可以。只是如果经常更改，有时会扰乱中期经营计划的战略意义，如果每年审核计划，很容易把短期计划拖长到3年，而中期经营计划的内容含量也会大打折扣。同时，每年审核也会造成工作的烦琐、劳动力的增加，反而会影响其他日常业务工作。由此可见，把最初的计划一直执行到最后才是上策。

当然，中期经营目标和短期经营结果之间很容易产生不符的现象。比如：某一年度出现完成率很低而且对于没完成的部分又没法弥补的现象，这时需要做的工作是明确各个年度的实际业绩和中期经营目标之间的差距，而且通过分析原因在下一年度的短期经营计划中补充相应的措施，以此来清除经营上的障碍。当目标过高不能完成时，要在制订下一个中期经营计划时，重新审视战略内容，进行重新制订。

# 8 编写中、长期经营计划

### ◆简洁地抓住要领是第一原则

### ◇编写长期经营计划

一旦确定下来长期经营计划的内容，就要确定企业目标、重要计划，并以此为依据编写"长期经营计划报告"。

长期经营计划是以最高经营者的决策为中心总结出来的内容，一般都由规划小组成员制订，因此，为了使最高经营者的决策能够顺利地执行，需要以书面的形式写出。同时，还要征求实行经营计划的各个部门负责人的意见，以便确认内容得到理解并付诸实践，换句话说，单纯地取得规划小组的理解是远远不够的，因此，将复杂的内容简洁扼要地概括总结在制订经营计划中是相当重要的工作。

因为"长期经营计划报告"属于企业的机要文件，所以一般只对部门管理人员作以详细说明，而对一般企业员工要另外宣布一些摘要下来的机密内容，对客户、关联公司等宣传用的内容需要特别安排。

除了报告书，还要书写有关报告过程的分析资料，这些资料关系到企业目标、长期经营战略的实现，所以需留档保存。

### ◇编写中期经营计划

一旦确定下来中期经营计划的内容，就要制订中期经营战略、经营战略的实行计划、中期数值计划等内容，然后以这些为依据编写"中期经营计划报告"。

## 编写长期经营计划的要点

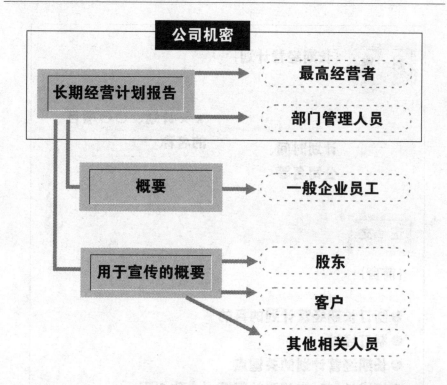

根据"中期经营计划报告"才能在实务上为实现经营战略提供前提条件。因此，要具体地编写实行计划报告，然后就能够以此为依据执行业务并进行管理工作。同时，因为数值计划要与短期经营计划相结合来开展管理工作，这时因日常的业务工作很多，不必和每项业务同步完成，而需要作为战略脚踏实地地一一完成。

战略业务和目前从事的日常业务有所不同，由于它是一项新的业务内容，所以，如果放任战略业务独立进行也无大碍，但是一拖再拖地跟在日常业务的后面的想法和做法也是不行的。所以，建议建立一种监督体制，使战略业务按部就班地执行。

## 长期经营计划的书写形式①

| 封 皮 | [长期经营计划] |
| :---: | :--- |

××计划、○○项目
的名称

计划时间、
公司名等

| 正 文 |
| :---: |

（前言）

● 制订长期经营计划的目的
● 制订经过
● 长期经营计划的关键点
● 推进计划时应注意的问题（大致 1 页）

| 企业目标 |
| :---: |

① 企业理念……注意平时对外宣传的内容，在表现手
法和形式上多下工夫，也可以加些背
景及内容的解说
② 长期规划……需要和企业理念保持一致

## 长期经营计划的书写形式②

---

### 长期经营战略

**（公司）**

①**项目构成计划**……●写明销售额、结构比例、市场占有率等内容
●简单解释其结构的构成原因
●现状和目标的对比用图表方式表示出来

②**重要计划**……●写明名称、负责人、目标、关联的战略计划、必要的经营资源

**（各项目部门）**

①**产品、市场计划**……●写明各个项目部门的销售额结构比例、市场占有率等
●简单解释其结构的构成原因
●注意不要作数字的罗列
●用图表形式显示现状和目标的对比情况

②**重要计划**……●写明各项目、名称、负责人、相关的战略计划、目标以及各自所需要的经营资源

---

## 中期经营计划的书写形式

| 封皮 | **[体裁]**<br>**计划时间、公司、名称等** |

**（前言）**
**概述计划的背景、经过、目标**

| 中期经营方针 |

①**中期经营方针**……**综述未来的构想和各阶段的构想要点**
②**中期经营目标**……**综述销售额、收益等主要业绩目标**

| 中期经营战略 |

**（公司）**

①**项目构成战略**……**简述销售额、结构比例、市场占有**
**率等内容，并要说明其结构的构成**
**原因**
②**经营战略的实行计划**……**综述战略、体制、目标、内**
**容、程序**

| 按项目分类 |

①**产品、市场战略**……**把各个项目部门的目标用销售额、**
**结构比例、市场占有率表示出来**
②**经营战略的实行计划**……**综述战略名称、体制、目**
**标、内容、程序**

## 从长期计划转向中期计划的过程

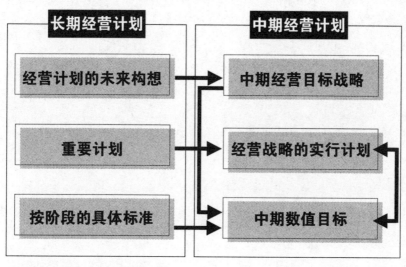

## 中期战略的制订方法

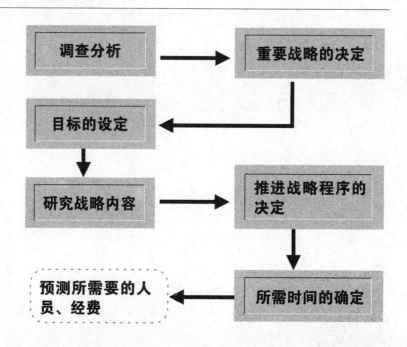

# 第四章

# 制订短期经营计划的方法

# 短期经营计划的定义

◆短期经营计划的构成要素

◇实现短期的经营目标

短期经营计划也叫年度经营计划，它的内容比中、长期计划更为具体，而且为了完成短期经营计划，要制订以程序、日程为主的业务计划、数值计划等预算方案。其目的就是为了完成短期目标，有效地开展未来一年的企业活动并成为企业全体人员的工作目标。由于是以一年的企业所有活动为对象，因此有必要制订一套组织部门、职能部门和全企业的计划方案。

短期计划的特点是把现状作为前提，既是为了实现业绩目标的业务计划，也是为了管理好一年的企业活动而以某种形式来约束自己。短期经营计划又可以称为战术计划，因此必须把编写的每一个项目作为验收一览表一一加以活用。

短期经营计划由以下要素构成，各项内容与中期经营计划是相关联的。

①年度目标、方针

年度目标作为一年的工作目标，是评价完成一年工作情况的标准。而年度方针则体现了为了实现年度目标，一年时间内应从事的经营活动以及为此需要采取的主要措施。

②战术（业务计划）

这是为完成年度目标的业务实施计划，其中的产品开发、生产、财务计划等内容要由各个部门及职能单位分别制订。

## 短期经营计划的内容

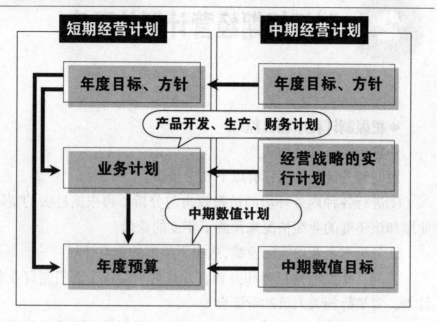

③年度预算

这是为完成年度目标业绩的数值计划。

# ❷ 制订短期经营计划的程序

◆**把握制订程序和日程**

◇**按步骤制订计划**

短期经营计划的制订有以下几个步骤。

①进行各种内外环境的情报收集与分析，再根据过去的实际业绩和该年度的业绩情况来预测下年度的业绩。

②分析本企业的实际业绩，选出下年度的重点计划。

③确立年度经营目标和方针，并且为了给各个部门制订业务计划，要举行相关人员的听证会。

④为了贯彻年度方针，按照年度方针提倡的主要措施，为每个部门制订各种战术。

⑤主要把各种战术作为前提，编写损益、设备、资金的各种预算，由此做出损益计算报告、资产负债表、资金流动表等。

⑥概述短期经营计划的目标值。

## 制订短期经营计划的程序

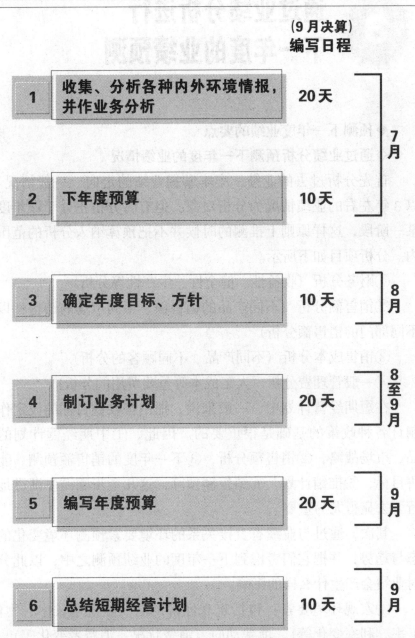

（9月决算）
编写日程

| | | |
|---|---|---|
| 1 | 收集、分析各种内外环境情报，并作业务分析 | 20天 |
| 2 | 下年度预算 | 10天 |
| | | 7月 |
| 3 | 确定年度目标、方针 | 10天 |
| | | 8月 |
| 4 | 制订业务计划 | 20天 |
| | | 8至9月 |
| 5 | 编写年度预算 | 20天 |
| | | 9月 |
| 6 | 总结短期经营计划 | 10天 |
| | | 9月 |

# 通过业绩分析进行下一年度的业绩预测

◆**预测下一年度业绩的要点**

◇**通过业绩分析预测下一年度的业绩情况**

首先分析过去的业绩，牢牢掌握业绩的走向。一般情况下，以3年左右的业绩情况为分析对象，但有时分析正处于该年度的某一阶段，这样原则上推测的时候并不把预算纳入分析的范围之内。分析项目如下所示。

①财务分析（收益性、健全性、生产性等分析）

②销售额分析（不同产品的销售额、不同市场的销售额以及不同部门的销售额分析）

③销售成本分析（不同产品、不同顾客的分析）

④一般管理费分析（人工成本等重要费用的分析）

在短期经营计划中，一般来说，把销售收益目标的设定作为制订各种政策的基础是很重要的。因此，①中期经营计划的产品、市场战略，②销售额分析，③下一年度的销售额预测，④销售目标，⑤推销计划，⑥销售额预算，这几个步骤循序渐进地进行下去显得尤为重要。

其次，通过与业绩有直接关系的环境要素预测环境变化的动态与趋势，并把它们考虑到下一年度的业绩预测之中，以此分析对业绩会产生什么样的影响。

①宏观环境要素：包括宏观经济动向（经济增长率、物价、汇率、利率变化等）、消费动向（消费状况、消费者变化等）、法

## 预测下一年度业绩的要点

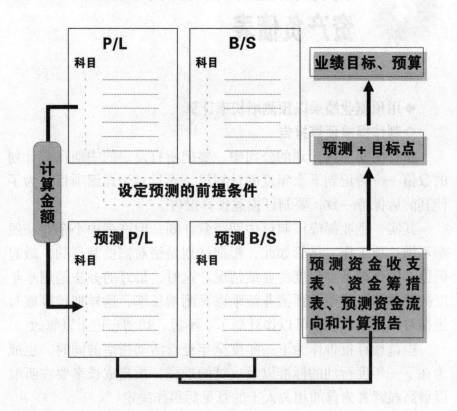

规（放宽与强化规定等）。

②微观环境要素：包括行业动态、竞争动态、销售商动态等。

最后，通过这些分析和分析的结果预测下一年度的业绩。

# 4 制作损益预算报告、 资产负债表

## ◆用预测业绩乘以预测增长率计算

### ◇制作损益预算报告

在有中期经营计划的公司中，要把所有设定的中期损益计划的数值一一转记到下个年度的计划里，而且对于详细项目，为了使其前后保持一致，要制订损益预算报告。

其实，企业都应该制订中期经营计划，但许多中小企业一般都不做这项工作。尽管如此，短期计划是绝对需要制订的，最起码也必须预测下一年度的业绩情况。这时，最好的办法是用本年度损益预算报告中的预测业绩乘以预测增长率，这样把预算额写进损益预算报告中就可以作计划了。不过，切勿忘记予以修改。

损益预算报告作为下一年度全年经营活动指南的同时，也成为在下一年度行动的标准以及决算的准绳。预测成长率要在听取以最高经营者为首的相关人士的意见后再作决定。

### ◇制作资产负债表

如果损益预算报告对下一年度的经营活动计划有作用，那么，预测资产负债表则可以说是计划在一年后的决算之日应该运作的资本和资产情况的体现。

具有中期经营计划的公司由于在大项目上（账户资产、有形资产等）已作计划，这样把这些数值转记过去就行了。对于小项目（现金、存款、准备金等），为了与大项目保持一致，则要根据过去的实际业绩，收集最高经营者等相关人士的意见后再作估算。

如果没有中期经营计划，因为至少要预测下一年度的实际业

## 损益预算报告例表

| 科　目 | 变动费、固定费区分 | 下一年度预测 | | 预测金额计算方式 |
|---|---|---|---|---|
| | | 预测金额 | 构成比例 | 预测实际业绩 × 预测增长率 |
| ①销售额 | — | | | |
| ②销售原价 | — | | | ①－② |
| 　1. 初期产品存货金额 | 变动费 | | | |
| 　2. 本期产品生产原价 | — | | | |
| 　3. 本期末产品存货金额 | 变动费 | | | |
| ③销售总收益 | — | | | |
| ④推销及一般管理费 | | | | |
| 　1. 包装费 | 变动费 | | | |
| 　2. 运输费 | 变动费 | | | |
| 　3. 广告宣传费 | 变动费 | | | |
| 　4. 车辆费 | 变动费 | | | |
| 　（推销变动费） | 变动费 | （　） | （　） | — |
| 　5. 薪金、奖金 | 固定费 | | | |
| 　6. 退休费 | 固定费 | | | |
| 　（人工成本） | 固定费 | （　） | （　） | — |
| ⑤营业收益 | — | | | ③－④ |
| ⑥营业外收益 | — | | | |
| 　收取利息 | — | | | |
| ⑦营业外费用 | 固定费 | | | |
| 　扣除利息费用 | 固定费 | | | |
| ⑧经常收益 | — | | | |
| ⑨特别收益 | — | | | |
| ⑩特别损失 | — | | | ⑦＋⑩－⑪ |
| ⑪税前本期纯收益 | — | | | |
| 　纳税款 | — | | | |
| ⑫税后本期纯收益 | — | | | |
| 　前期转入收益 | | | | |
| 　本期未处理收益 | | | | |

## 预测资产负债表例表

| 科 目 | 下一年度预测 预测金额 | 下一年度预测 构成比例 | 预测金额 计算方式 | 科 目 | 下一年度预测 预测金额 | 下一年度预测 构成比例 | 预测金额 计算方式 |
|---|---|---|---|---|---|---|---|
| **流动资产** ①速动资产 现金 存款 欠款 收取票据 小计 ②盘存资产 产品 半成品 …… 小计 ③其他资产 合计 | | | | **负债** ①流动负债 支付票据 赊购款 短期负债 未付款 …… 未付费用 小计 ②固定负债 …… 小计 合计 | | | |
| **固定资产** ①有形固定资产 房屋 建筑物 土地 …… 小计 ②无形固定资产 …… 小计 ③投资等 合计 | | | | **自有资本** ①实缴资本金 ②法定准备金 资本准备金 收益准备金 ③收益余款 公积金 拨入收益 税后纯收益 小计 合计 | | | |
| **总资产** | | | | **总资产** | | | |

绩，所以用本期资产负债表的预测实际业绩乘以预测增长率来算出估算额，再转记到预测资产负债表做计划。为了使各个小项目与大项目的计算吻合，必须以实际业绩为基础，倾听相关人士的意见再作预算。

# 制作资金流动预算表

## ◆由收支和剩余的变动把握资金的流动情况

### ◇以月为单位制作资金流动预算表

其实，以资金筹集预算表、资金筹集计划表、每月资金筹集计划表等形式来介绍关于资金流动的书籍有很多，可以参考它们来编写适合本企业的计划，要尽量以月为单位制作该表。

之所以这样说，是因为年度的预算管理基本上是以月为单位的，这样就形成月资金流动表，这个表是由前期和本期两部分的资产负债表和本期的损益计算报告组成，并由收支和剩余的变动两个方面把握资金的动向。其中，本期的损益计算报告和资产负债表是根据估算额计算的，对于中小企业来说，即使年底制作也不迟。总之，制作预测资金流动表不需要准备详细的资料，有损益计算报告和资产负债表就能制作，它是把握资金收支和剩余的重要依据，是为提高资金筹措的健全性应运而生的。

### ◇资金流动表要体现现实变动的动向

因筹集资金表要抓住资金的流动情况，所以不能掌握有关资金的筹集和运用的基本资金结构；而因资金运用表要由负债表各个项目的剩余增减情况来掌握资金的走向，所以也不能直接地掌握资金收支的根本情况。针对上述两表的不足之处，制作资金流动表就是要观察相互之间的流动情况，同时这种资金流动表是作为短期经营计划的预测资金流动表而应用的。资金流动表根据发生情况把计入的企业收益、费用通过与各自项目相关联的资金流

## 预测资金流动表例表

| 科　目 | | 月 | | 月 | | 月 | |
|---|---|---|---|---|---|---|---|
| | | 计划 | 实际业绩 | 计划 | 实际业绩 | 计划 | 实际业绩 |
| **月初滚动存款** | | | | | | | |
| 经常收支 | （经常收入）<br>销售收入<br>　销售额<br>　销售债权增减<br>　前收取款增减<br>营业外收入<br>营业外收益<br>　合计 | | | | | | |
| | （经常支出）<br>采购支出<br>　销售原价<br>　盘存资产增减<br>　采购债务增减<br>营业支出<br>　推销费、一般管理费<br>　折旧费<br>营业外支出<br>　营业外费用<br>　…<br>　合计 | | | | | | |
| | **经常收支超出与不足** | | | | | | |
| 固定收支 | （决算收支）<br>企业各项税金<br>　…<br>（固定资产收支）<br>其他收支<br>　… | | | | | | |
| | **固定收支超出与不足** | | | | | | |
| 财务收支 | 财务收支<br>　短期借款增减<br>　… | | | | | | |
| | **财务收支超出与不足** | | | | | | |
| | **现金、存款增减** | | | | | | |

**资产负债表项目的增减额**

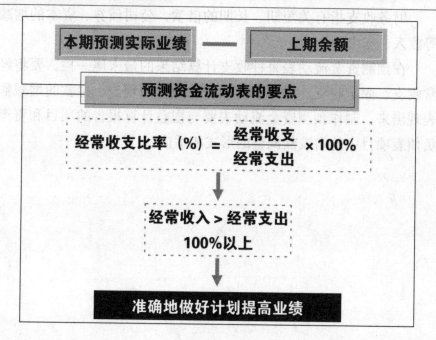

动表科目的增减剩余加以调整，显示出现实的资金情况，也就是说，这个表的资金范围就是现金、存款情况。

把这些现金、存款的增减用经常收支、固定收支、财务收支三个部分表示。其中，经常收支又分为经常收入和经常支出两项。经常收支是把由企业本身的经营活动引起的收入、支出用现金、存款来表示的，可以说它是在短期分析、计划活动中发生最多的收支。经常收入又分为销售收入和营业外收入，而经常支出分为采购支出、营业支出、营业外支出。

固定收支分为决算收支、固定资产收支、其他收支。所谓决算收支是指依靠收益决算所得的企业对外流出额、税金等收入、支出；固定资产收支是指伴随着固定资产的买入、卖出等收入、支出；其他收支指除上述情况以外的收支，在损益计算报告中属于特别损益的项目。

　　财务收支指有关短期、长期的借款，公司债券、资本的增减等收入、支出。

　　在预测资金流动表每种收支计算结果的最末尾一栏，要将经常收支、固定收支、财务收支的合计额作为现金、存款的增减额表现出来。制作预测资金流动表要与损益计算报告的项目和资产负债表项目中的增减额调整的形式相适应。

**确立年度经营目标和方针**

◆**以业绩目标为中心，设定经营资产及成果分配等**

◇**制订年度方针与年度目标相匹配的活动方针**

一旦下一年度的预测结果出来后，就要再进一步加上由经营政策而得到的目标要素，来编写年度目标和年度预测。

年度目标是以业绩目标为中心来设定经营资产、成果分配、经营革新等内容。其中，不仅有计数的、定量的目标，也包括定性的目标。这里要注意的是不要拘泥于目标，而要集中精力制订本公司必须施行的内容，以求目标的向心力，也就是说，毫无意义、毫无价值的目标索性不予制订。

与年度目标相匹配的年度方针是为实现年度目标制订的一年内的活动方针，是为确保业绩而制订的各种措施。

◇**年度目标、方针的内容**

无论是年度目标还是方针，不仅要设定全公司的整体规划，还要按不同部门制订各自的内容，然后以此为依据，分别做各个部门的业务计划，同时要注意年度目标和年度方针要相辅相成地按以下步骤设定。

首先确认一下业绩预测的结果和相当于短期计划的中期经营计划的业绩目标之间的差距，为了弥补这一差距，根据中期经营计划战略设定年度方针之后，再研究一下所设定经营策略是否能够实行，效果如何，最后再设定年度目标。例如：掌握了预测的销售额和业绩目标之间的差距后，为了弥补差距，按照中期经营

## 年度目标的体系图

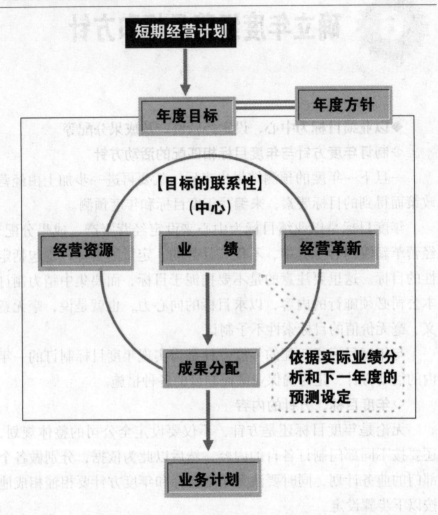

计划确定必须具体地做哪些工作后再设定策略。然后预测一下如果实行了这些策略会产生多大的差距；再想想其结果是否能实现目标，这样一步步地进行。因此说，年度目标和方针并不意味着只是简单地决定一项策略而已，而是经营者们以战略性、全方位的视野判断设定的。

## 设定年度目标、方针的注意点

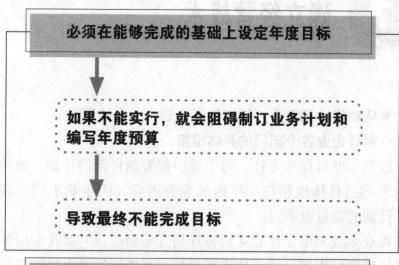

必须在能够完成的基础上设定年度目标

如果不能实行，就会阻碍制订业务计划和编写年度预算

导致最终不能完成目标

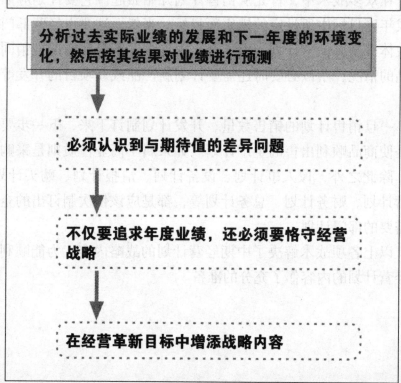

分析过去实际业绩的发展和下一年度的环境变化，然后按其结果对业绩进行预测

必须认识到与期待值的差异问题

不仅要追求年度业绩，还必须要恪守经营战略

在经营革新目标中增添战略内容

# 7 确立经营战术

◆**从销售计划着手，制订生产计划、人事计划等**

◇**制订企业各个部门的具体措施**

根据年度目标和方针，每个部门都要制订部门计划。该计划是每个部门具体地制订一年内的业务内容，因企业不同，其样式、计划的数量也不同。

在众多战术中，首先从销售计划开始做起。它要计划应如何完成年度目标中所设定的销售额目标。当然，这要由经营部门作为主体来制订销售计划。由于会出现许多并不是和前期推销同样商品的情况，所以必要时还需要计划新产品或新项目的开发等内容。

一旦销售计划的销售数量、开发计划制订下来，下一步要做的是使商品顺利出售的生产计划。如果属于商业性质则是采购计划。除此之外，像人事计划、设备计划、情报计划、购买计划、经营计划、财务计划、总务计划等，都是应该依次制订出的企业所需要的部门计划。

以上各项战术解决了中期经营计划的战略内容，为能顺利实施经营计划的内容作了充分的准备。

## 为了经营战略需要制订部门计划

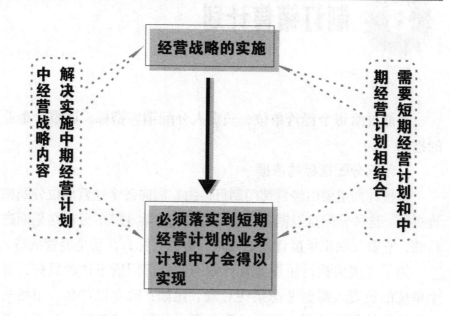

# 8 制订销售计划

◆通过给每个经营单位、负责人分配销售指标，调整全企业的指标

◇明确分配指标的依据

销售计划主要由经营部门制订，由它们向各个经营单位分配销售指标。这种分配是根据各个单位过去的实际业绩的分析结果而进行的，它要反映出年度计划的预测、努力目标，甚至是经营战略。

为了实现给执行短期经营计划的经营部门所下达的目标，各个单位的负责人需要考虑某些对策。比如：确立以产品、市场战略为前提的促销计划，再对经营负责人分配销售指标。对于这种分配方法，每个负责人要按不同产品、不同客户等内容把销售目标计量化，比如用数量或销售金额来设定。

然而，给经营负责人下达任务指标后，为了使他们能够接受这些任务需要给予一定的鼓励。也就是说，当完成指标时，通过对经营负责人的奖励来促进目标的实现。同时，为了让每位经营负责人都同意必须完成的指标，需要有一种分配的依据，因此，当给各个单位下达销售指标时，在明确根据的同时还要对部下进行适当的指导。否则，难以实现各个单位的销售目标。

其次，准确地给单位负责人下达任务，也意味着必须准确地做好产品、市场战略以及各个单位的活动计划。最后，综合各个负责人的指标、不同单位的指标以及全企业的指标，做好调整后，制订整体的销售指标。

## 相关指标和方针的分配方式

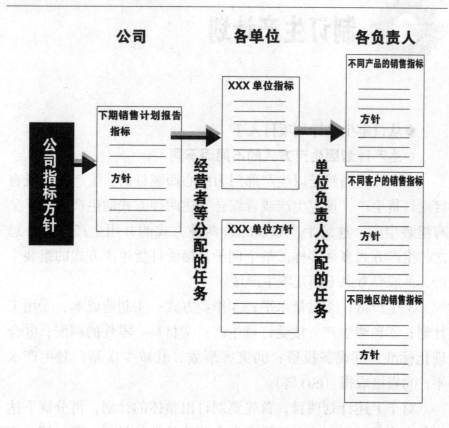

# 9 制订生产计划

## ◆从设定生产计划项目入手

### ◇生产计划因生产方式的不同而不同

生产计划当然是以生产部门为中心而制订的。生产方式既有接受订货生产、预定生产或者综合上述两种方式的生产方式，又有组装生产、连续生产以及综合两种方式的并用生产方式。总之，生产方式多种多样。举个例子，接受订货生产方式的组装生产，一般要考虑下面几项生产计划。

①生产量；②质量水平；③作业方式；④制造成本；⑤用工计划；⑥预测生产、接受订货生产；⑦材料、零件的调配；⑧合理化标准；⑨设备投资；⑩灾害事故；⑪减少次品；⑫生产水平；⑬资格取得（ISO 等）。

对于上述计划项目，首先要制订出整体的计划，再分别下达到各个责任部门，让它们设定符合整体计划的目标。最后综合不同部门、不同单位的内容后调整结果，确定生产目标。

### ◇考虑制造成本计划

生产计划中的细节之处——制造成本计划是指下一年度全年的成本计划，所谓制造成本一般是在最初制品批发价上加上本期的总制造费用，再从这一合计数中减去最后在制品的批发价而计算出来的。制造费用则是由材料费、劳务费、外加工费、制造经费构成的。

因此，中期经营计划的制造成本计划基本上是按这一计算方

## 生产计划的体系

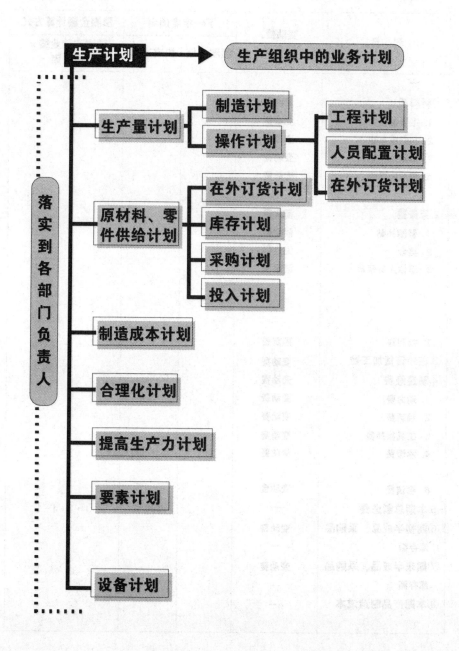

## 制造成本计划例表

| 科 目 | 变动费、固定费 | 下一年度预测 | | 预测金额计算方式 |
|---|---|---|---|---|
| | | 预测金额 | 构成比例 | 预测实际业绩 × 预测增长率 |
| ①材料费 | 变动费 | | | |
| 　1. 主要材料费 | 变动费 | | | |
| 　2. 初期库存额 | 变动费 | | | |
| 　3. 本期采购额 | 变动费 | | | |
| 　4. 期末库存额 | 变动费 | | | |
| ②劳务费 | 固定费 | | | |
| 　1. 薪酬补贴 | 固定费 | | | |
| 　2. 奖金 | 固定费 | | | |
| 　3. 退休人员薪金 | 固定费 | | | |
| 　7. 福利费 | 固定费 | | | |
| ③在外订货加工费 | 变动费 | | | |
| ④制造经费 | 变动费 | | | |
| 　1. 动力费 | 变动费 | | | |
| 　2. 损耗费 | 变动费 | | | |
| 　3. 工具损耗费 | 变动费 | | | |
| 　4. 水暖费 | 变动费 | | | |
| 　8. 会议费 | 变动费 | | | |
| ⑤本期总制造费 | — | | 100% | ①+②+③+④ |
| ⑥期初半成品、采购品库存额 | 变动费 — | | | |
| ⑦期末半成品、采购品库存额 | 变动费 — | | | |
| ⑧本期产品制造成本 | — | | | |

法制订的。然后把这之前的大项目转记账中的内容制作成短期经营计划中的制造成本计划。对于小项目，为了和大项目的金额保持一致，要评估一下计划。如果说劳务费是大项目，那么相对而言，小项目是指像工资补贴、奖金、退休金、福利待遇等内容，这些小项目的合计额需要与大项目中的劳务费金额对比来作决定。在没有制作中期经营计划之前，要通过本期的预测实际业绩和目标增长率算出短期经营计划的金额，然后评估出与其金额符合的小项目再作计划。在仔细认真地研究过去的实际业绩的同时，还要征询以最高经营者为主的相关人士的意见，这样评估才能做好一份完整的计划。

# 10 盈亏临界点改善计划

◆由损益预算报告和制造成本计划组成
◇在经营目标、方针的指导下作计划

要考虑怎样做才会改善下一年度的盈亏临界点的问题。也就是说，从费用构成来研究一下怎样做会改善企业的经营。经营改善需要作如下计划。

①为了使边际收益率提高而寻求销售上升

②提高生产、销售的效率，降低变动比率

③为商品增加附加价值，增强商品本身的销售能力

④降低固定费用的负担比例

为此，这一计划是从短期经营计划的损益预算报告和制造成本计划中选出必要的项目就能简单地制订出来，如果已做好客观性的经营目标、方针，那么不必再作研究就可以顺其自然地成为改善计划。

## 改善经营的要点

理想的经营

固定费率低

变动费率低

边际收益率高

固定费用的负担比例低

盈亏临界点运行率低

经营安全度高

$$固定费率 = \frac{固定费用}{销售额}$$

$$变动费率 = \frac{变动费用}{销售额}$$

$$边际收益率 = 100\% - 变动费率$$

$$盈亏临界点运行率 = \frac{盈亏临界点}{销售额}$$

$$盈亏临界点 = \frac{固定费用}{边际收益率}$$

$$经营安全度 = 100\% - 盈亏临界点运行率$$

## 改善盈亏临界点的要点

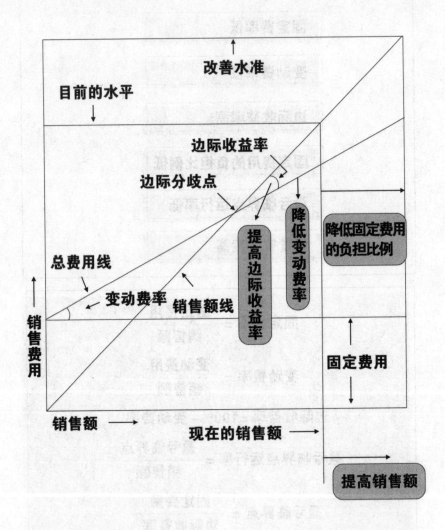

改善水准

目前的水平

边际收益率

边际分歧点

提高边际收益率

降低变动费率

降低固定费用的负担比例

总费用线

变动费率

销售额线

固定费用

销售费用

销售额

现在的销售额

提高销售额

## 盈亏临界点改善计划

| 计划项目 | 计划计数 | 计划方式和要点 |
|---|---|---|
| ①销售额 | | 损益预算报告 |
| ②经常收益 | | 损益预算报告 |
| ③总费用 | | ①－② |
| ④变动费用 | | 通过损益预算报告<br>和制造成本计划报告估算 |
| 制造变动费用 | | |
| 销售管理费变动费用 | | |
| ⑤固定费用 | | ③－④ |
| ⑥边际收益 | | ①－④或②－⑤ |
| ⑦变动费率 | | ④÷①×100% |
| ⑧边际收益率 | | 100%－⑦ |
| ⑨固定费率 | | ⑤÷①×100% |
| ⑩盈亏临界点 | | ⑤÷⑧×100% |
| ⑪盈亏临界点运行率 | | ⑩÷①×100% |
| ⑫经营安全度 | | 100%－⑪（%） |

## 经营计划的体系

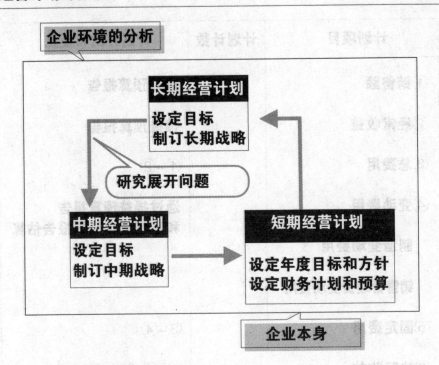

## 制订计划的日程安排

| 1 | 准备制订经营计划 ……………………… | 4个月 |
|---|---|---|

| 2 | 企业分析、环境分析 ……………………… | 3个月 |
|---|---|---|

| 3 | 长期经营计划 ……………………… | 5~6个月 |
|---|---|---|
| | 中期经营计划 ……………………… | 6个月 |
| | 短期经营计划 ……………………… | 3个月 |

第五章

推行短期
经营计划的
方法

**编写预算**

◆**根据各个部门的业务计划编写**

◇**样式体现本企业的特色**

根据各个部门制订的业务计划编写年度预算。编写预算和业务计划一样，每个企业编写预算的体系有所不同，但基本上有以下几个方面。

①销售额预算；②推销费预算；③制造费预算；④采购预算；⑤库存预算；⑥一般管理费预算；⑦营业外损益预算；⑧特别损益预算；⑨设备预算；⑩资金预算。

上述各个预算最终要集中在目标损益预算报告或目标资产负债表、目标资金流动表中体现出来。特别强调的是每月要分别做出各个预算。

## 年度预算计划例表

### [制造预算]

| 费用 ＼ 产品名 | A产品 | B产品 | C产品 | 合　计 |
|---|---|---|---|---|
| 直接材料费<br>直接劳务费<br>间接费用 | | | | |
| 合　计 | | | | |

### [制造变动费预算]

| 产品名 | 适用范围 | 下年度预算 | | 本期预算 | | 设定根据 |
|---|---|---|---|---|---|---|
| | | 总额 | 单位 | 总额 | 单位 | |
| | 生产数量 | | | | | |
| | 主要材料费<br>辅助材料费 | | | | | |
| | 材料费合计 | | | | | |
| | 对外订货费<br>变动经费 | | | | | |
| | 制造变动费<br>合计 | | | | | |

# 编写资金预算

◆制作资金筹集预算表

◇编写资金预算的收支情况

在损益预算中把损益计算报告中的各个项目的金额预算出来，在这个数值的基础上调整资产负债表中各个科目的增减额，以此作为编写资金预算的收支情况的基础。它需要估算资产负债表的各个项目。例如：销售计划中如果有赊账债权回收计划，就能够预测收取票据及赊账的余额。同样，通过库存计划预测存货资产的存量，以及通过设备计划预测固定资产的余款等都可以。

下面列举了编写资金预算所需要的估算项目，因为是以假设预算比率最终做出的资金筹集预算表，所以仅供参考。另外，像间接制造费、销售宣传费、一般管理费等，原则上要把假定在某月发生的费用作为当月损耗费支出的费用。不过，像折旧费等非现金交易，如下面⑧、⑨、⑩所示，要折算现金交易率。

◇资金预算所需要的估算项目

①回收金额

月初的欠款在转拨过来的资产负债表中是 200 万日元；销售额在损益预算中是 1600 万日元，这样乘以 ① 的 50%，回收余额为 1000 万日元（200 万日元+1600 万日元×50%）。

②期票回收金额

在回收金额中，根据 ② 期票回收率 60%，所以期票回收金额为 600 万日元（1000 万日元×60%）。

## 编写资金预算的预测比率例表

1 $$\frac{\text{某月的欠款（贷方）}}{\text{月初欠款} + \text{某月的销售额}} = 50\%$$

2 $$\frac{\text{某月的支付票据（借方）}}{\text{某月的欠账款（贷方）}} = 60\%$$

现金回收率 =40%
（100%−60%）

3 $$\frac{\text{某月的贴现票据（贷方）或者是收取票据（贷方）}}{\text{月初的收取票据} + \text{某月的收取票据（借方）}} = 60\%$$

4 $$\frac{\text{该月的折扣费}}{\text{该月的贴现票据}} = 4\%$$

纯现金率 =96%

5 $$\frac{\text{赊购款（借方）}}{\text{月初的赊购款} + \text{某月的采购金额}} = 60\%$$

## 编写资金预算的预测比率例表

$$\boxed{6} \quad \frac{某月的支付票据（贷方）}{某月的赊购款（借方）} = 75\%$$

现金支付率 =25%
（100%–75%）

$$\boxed{7} \quad \frac{某月的支付票据（借方）}{月初支付票据剩余 + 某月的支付票据} = 40\%$$

$$\boxed{8} \quad \frac{现金交易}{某月的间接费} = 96\%$$

$$\frac{非现金交易}{某月的间接费} = 4\%$$

$$\boxed{9} \quad \frac{现金交易}{某月的推销费} = 97\%$$

$$\frac{非现金交易}{某月的推销费} = 3\%$$

$$\boxed{10} \quad \frac{现金交易}{某月的一般管理费} = 95\%$$

$$\frac{非现金交易}{某月的一般管理费} = 5\%$$

## 转归资产负债表例表

（万日元）

| | | | |
|---|---|---|---|
| 现金存款 | 500 | 支付票据 | 500 |
| 收取票据 | 600 | 赊购款 | 800 |
| 赊欠款 | 400 | 长期借款 | 1200 |
| 产品 | 800 | 资本金 | 1700 |
| 半成品 | 100 | 剩余款 | 200 |
| 建筑物 | 1000 | | |
| 土地 | 1000 | | |
| | **4400** | | **4400** |

支付票据预测　550 万日元

## 损益预算（某月）（万日元）

| | |
|---|---|
| 销售额 | 1600 |
| 采购费 | 400 |
| 间接制造费 | 250 |
| 销售费 | 300 |
| 一般管理费 | 150 |

③现金回收金额

在回收金额中，根据②现金回收率是 40%，所以现金回收金额为 400 万日元（1000 万日元×40%）。

④票据贴现金额

月初手头持有的收取票据转账到资产负债表中是 600 万日

元，预测某月会收取票据 600 万日元，合计为 1200 万日元，这样乘以 ③ 中的 60%，票据贴现金额为 720 万日元〔(600 万日元 +600 万日元) ×60%〕。

⑤纯现金

票据贴现的估算金额（720 万日元）乘以 ④ 中的 4% 就能估算出折价费。如果从票据贴现的估算金额减去折价费 28.8 万日元，就可得出纯现金估算额 691.2 万日元。

⑥债务支付额

月初的赊购款是 800 万日元，某月的采购费用是 400 万日元，所以两者合计的 1200 万日元乘以 ⑤ 中的 60%，就计算出债务支付估算金额为 720 万日元〔(800 万日元 +400 万日元) ×60%〕。

⑦支付的票据

债务支付估算金额 720 万日元乘以 ⑥ 中的 75%，用票据支付的金额为 540 万日元（720 万日元 ×75%）。

⑧现金支付金额

从债务支付金额 720 万日元中减去票据支付金额 540 万日元，或者债务支付金额乘以 ⑥ 中的 25%，就算出现金支付估算金额为 180 万日元（720 万日元 ×25%）。

⑨票据期限金额

月初的支付票据转拨到资产负债表为 500 万日元，预测该月的支付票据为 550 万日元，这样合计是 1050 万日元，将其乘以 ⑦ 中的 40%，可以估算出票据期限的金额是 420 万日元〔(500 万日元 +550 万日元) ×40%〕。

⑩间接费的现金支付款

损益预算的间接制造费 250 万日元乘以 ⑧ 中的 96%，得出间接费的现金支付款是 240 万日元（250 万日元 ×96%）。

## 资金筹措预算表

(万日元)

| 估算项目 | 金　　　额 | |
|---|---|---|
| 转入现有存款 | 500 | |
| (进款) | 1,120 | |
| 现金回收 | 400 | |
| 贴现票据 | 720 | |
| (支出款) | | 1,302.3 |
| 现金支出 | | 180 |
| 限期票据支出 | | 420 |
| 间接费 | | 240 |
| 销售费 | | 291 |
| 一般管理费 | | 142.5 |
| 票据贴现费 | | 28.8 |
| 月末余额 | 317.7 | |

⑪销售费的现金支付款

损益预算的销售费 300 万日元乘以⑨中的 97%，得出销售费的现金支付款 291 万日元（300 万日元×97%）。

⑫一般管理费的现金支付款

损益预算的一般管理费 150 万日元乘以⑩中的 95%，得出一般管理费的现金支付款 142.5 万日元（150 万日元×95%）。

由以上①~⑫算出的入账预定款和支出预定款以及转账现金存款来制作资金筹集预算表，这是一种简略方法，其实像固定资产投资、长期借款的筹集与偿还、金融费用等资金收支，同样需要作预算和记账处理，以便做出准确的预算表。

## 资金筹措预算表的一般表格形式

### 资金筹措预算表

| 项目 ＼ 月 | （ ）月 | （ ）月 | （ ）月 | （ ）月 |
|---|---|---|---|---|
| 转入现有存款 | | | | |
| （经常收入） | | | | |
| 计 | | | | |
| （资本收入） | | | | |
| 计 | | | | |
| 收入合计 | | | | |
| （经常支出） | | | | |
| 计 | | | | |
| （资本支出） | | | | |
| 计 | | | | |
| 支出合计 | | | | |
| 差额的超出与不足 1* | | | | |
| （财务收入） | | | | |
| 计 | | | | |
| （财务支出） | | | | |
| 计 | | | | |
| 财务收支 2* | | | | |
| 下月转入款 3* | | | | |

1*＝月初转入款＋收入合计－支出合计
2*＝财务收入－财务支出
3*＝差额的超出与不足－财务收支

# 用积累法编写预算

## ◆重视各个部门的意见和计划

### ◇积累法预算方案

一般的预算编写是由企业组织自上而下分摊进行的。其实，它不应该是分摊性的，而是应该通过各部门的意见、计划进行的积累法的预算，这样做必定能提高各个部门员工的工作热情。

在用积累法编写预算时，要给各个部门负责人下达怎样编写预算的指示，同时有必要强调这是整个企业运营部门自上而下的预算。从上面下达的预算编写方针需要征求经营单位所有部门的意见。用积累法编写预算时，首先由各个部门编写预算，然后综合这些预算编写整个企业的预算。因此，如果各个部门的预算表各自不同会很难统一，所以下达指示时要作出统一的格式要求，也要使各个部门的费用等统一，之后才开始做积累法的预算编写工作，它要求从销售预算方案入手直到资产预算方案的完成，需要循序渐进地做，最后做出目标负债表、目标损益计算报告、目标资产流动表等。

这种积累法预算当然要和自上而下的分摊式预算相碰撞，届时需要做好调整工作，然后再确定下一年度的预算方案。

## 积累法编写预算的程序

| | |
|---|---|
| 1 | 编写销售预算方案 |
| 2 | 编写生产预算方案 |
| 3 | 编写购买预算方案 |
| 4 | 编写销售费用方案 |
| 5 | 编写一般管理费预算方案 |
| 6 | 制订回款计划 |
| 7 | 制订支出计划 |
| 8 | 制订资金预算方案 |
| 9 | 核对所分配的预算并加以调整后，确定下一年度的预算 |

# 短期经营计划的管理

◆**需要采取每天、每月、每半年的期间管理模式**

◇**计划进行中的管理**

执行计划的管理需要时间性，或者说，必须按照计划提高实际业绩，在增强员工的实行能力的同时，还要加强管理者的管理能力。虽然主要目的是为了提高业绩，但也必须要从组织方面着手培养实行能力，以便能够继续向更高的目标挑战。那么，应该如何进行计划执行中的管理呢？

首先，需要每天的管理。管理者要指导员工应该怎样做，同时要明确管理的标准，比如要掌握员工的完成情况、计划执行中的检验方法、计划的变更方法以及推进方法等。

其次，需要每月的管理。要把每月的管理内容摆在短期经营计划管理的中心位置，这种管理包括把前一个月的实际业绩反馈给各个部门，分析每个人的工作情况并作个别指导，分析各部门之间的差距并找出对策，召开月会等。

第三，需要每半年的管理。不论计划做得多么恰当，在目标和实际情况之间都会产生差异。因此需要通过半年的实际业绩来修改目标并做好下半年的计划，以改进工作。

## 计划执行中的管理模式

| | | |
|---|---|---|
| 1 | 日管理 | → 制订标准的指导方针，因为是否有该指导方针，对指导部下的成果会有影响 |
| 2 | 月管理 | → 按照基本的方向，加强日程安排，并使员工按规定从事企业部分活动 |
| 3 | 半年管理 | → 根据实际业绩和目标之间的差距，重新修改目标和进行下半年的计划活动，务必把实现目标这种想法渗透到每一个员工的意识中 |

取得企业员工的理解

◆召开短期经营计划发布会
◇短期经营计划的宣传

短期经营计划以书面形式做好后，需要把内容传达到每个部门的每个人。与中、长期计划不同，它是根据广大员工的意见和提案做出的，或者说是广大员工共同参与制订的计划。因此，召集全体员工宣布短期经营计划是十分必要的。短期经营计划通常由部门负责人讲解，因为需要影像设备，所以最好在公司的会议室里举行，如果想设计出一种像宾馆那种正式的气氛是需要下一番工夫的。另外，除了短期经营计划的发布会之外，各个部门要举行小型会议确认业务计划的内容，以鼓舞员工的工作热情。

## 安排短期经营计划发布会的例表

### ××年度经营计划发布会

**(××年×月×日—○○年○月○日)**
**日期：××年×月×日**
**会场：○○宾馆**
**负责部门：总务部**

1. 宣布开会(13：00—) ································· 总务部长
2. 共同朗诵企业经营理念或合唱企业主题歌(13：01—) ······ 常务副总经理
3. 预测本期实际业绩和需要注意的问题(13：20—) ······ 常务副董事长
4. 宣布第××期经营方针(13：50—) ················· 董事长
5. 宣布第××期经营目标、项目(13：50—) ··········· 副总经理
6. 宣布各部门的方针、目标、计划(14：00—) ····· 各部门部长
① 销售部(14：00—) ························· 销售部长
   总公司销售部(14：05—) ··················· 总公司销售部长
       ⋮

② 生产部(14：15—) ························· 生产部长
   生产管理部(14：20—) ··················· 生产管理部长
       ⋮

③ 生产资料部(14：30—) ···················· 生产资料部长
       ⋮

⑦ 总务部(14：40—) ························· 总务部长
   (休息 15：15—)
7. 表彰参与本期预测有实际业绩的人员(15：30—) ······ 人事科长主持
8. 工会致词(16：00—) ························· 委员长
9. 员工代表宣誓(16：10—) ····················· 员工代表
10. 宣布闭幕(16：20—) ························· 总务部长

**6** # 制订企业的活动计划

◆**制订与企业员工息息相关的活动计划**

◇**编排休假日历**

有关企业内部的活动、会议等内容，要制订一整年的计划并通知全企业的所有员工。诸如年初年末的安排，连休的时间安排，暑假的日期安排以及员工旅游的地点、时间等，如果事先传达给每位员工，就可以使员工预先编排好自己的公私活动方案，这对提高员工的工作热情是大有好处的。至于发放薪水的时间、进行教育训练的日期等重要活动日程也要编排到计划当中，再有像企业与工会等共同组织的主要活动也不要忘记编写进去。这样，在明确国家法定的节假日以及企业特别假日、活动等日期后，编排出一个名片大小的企业休假日历，甚至可以把它发给客户等相关人员。

## 活动计划例表

| 月 份 | 全公司 | 经营部门 | 生产部门 | 管理部门 | 联谊会 |
|---|---|---|---|---|---|
| 4 | 入职仪式（1日）<br>—<br>— | 入职仪式<br>活动<br>（10—12日） | —<br>—<br>— | —<br>—<br>— | ××大会<br>（25日）<br>— |
| 5 | 股东大会<br>（20日）<br>新员工研修 | —<br>—<br>— | —<br>—<br>— | —<br>—<br>— | —<br>—<br>— |
| 6 | —<br>—<br>— | —<br>—<br>— | —<br>—<br>— | —<br>—<br>— | —<br>—<br>— |
| 7 | 夏季奖金<br>（15日）<br>— | —<br>—<br>— | 业务改进<br>发布会<br>— | —<br>—<br>— | —<br>—<br>— |
| 8 | 公司成立纪念日<br>—<br>— | —<br>—<br>— | —<br>—<br>— | —<br>—<br>— | —<br>—<br>— |
| 9 | —<br>—<br>— | 发布新产品<br>—<br>— | —<br>—<br>— | 期中检查<br>—<br>— | —<br>—<br>— |
| 10 | —<br>—<br>— | 入职仪式<br>—<br>— | —<br>—<br>— | —<br>—<br>— | 运动会<br>—<br>— |
| 11 | —<br>—<br>— | —<br>—<br>— | 加强质量管理<br>—<br>— | —<br>—<br>— | —<br>—<br>— |
| 12 | 冬季奖金<br>—<br>— | 优秀代理商<br>表彰会<br>— | 安全、卫生<br>检查<br>— | —<br>—<br>— | 年终大会<br>—<br>— |
| 1 | —<br>—<br>— | 推销大会<br>—<br>— | 安全卫生<br>委员会<br>— | —<br>—<br>— | —<br>—<br>— |
| 2 | —<br>—<br>— | —<br>—<br>— | —<br>—<br>— | —<br>—<br>— | —<br>—<br>— |
| 3 | 宣布晋升人员<br>决算<br>— | —<br>—<br>— | —<br>—<br>— | —<br>—<br>— | —<br>—<br>— |

# 充分发挥短期经营计划的作用

◆**明确目标和实际业绩之间的差距，并找出原因**

◇**没能活用短期经营计划的原因**

作为企业活动的标准管理方法，对于中小企业来说，不仅需要制订短期经营计划，还需要切实地执行。然而，由于各种原因，短期经营计划很多时候并不能真正地发挥其应有的作用。例如，只重视结果而不注意对执行过程的随时监督，这样往往失去了计划本身的意义。

其实在推行短期计划中，在明确目标和实际业绩之间的差距后，及时找出问题的原因是很重要的。计划执行情况不好一般有以下几个原因。

①目标意识不足，缺乏完成的自信心

②由于偏重不明确的目标或数字计划，造成业务计划模糊不清

③不能给部下适当的指导

④只注重进行结果的差距分析，没有做出完成目标的对策

⑤评定标准模糊

⑥成果分配的标准不明确

由于以上原因，在推行计划过程中有时会出现阻力而不能实现目标。因此，遇到上述情况一定会影响短期经营计划的实施，这时候改革已成为迫在眉睫的工作。

◇**短期经营计划的制度化**

要想改革短期计划，切实提高业绩，需要一套有关短期经营

## 短期计划的功能和作用

| 1 | 目标设定在最适当的程度和内容范围之内 |

| 2 | 具体地给每个员工布置应完成的业务目标 |

| 3 | 对业绩进行准确的评定 |

| 4 | 为实现目标要把业务计划具体化 |

| 5 | 加强对员工的指导，加强实际能力的培养 |

| 6 | 按期间进行切实的管理 |

| 7 | 明确目标和实际的差距，并研究下一步的对策 |

计划的管理体制，把制订、推行短期经营计划放在管理体制的核心地位，然后完善其他机制。

①目标管理系统

把短期经营目标和方针系统地落实到企业的每个员工身上，也就是说，具体规定出每个员工各自的目标，并且在制订、推进过程中要适当地给予教育和指导。

②情报管理系统

让不同单位、不同部门都掌握并了解它们的业绩，即业绩附带着责任，以便推动业务的发展。

③成果分配系统

通过企业活动把所得的成果分配给每个员工。

④计数管理系统

根据①~③的系统管理，为了制订计划和管理实际业绩，要提供销售额、销售成本等数值。

业绩评定的方法

# 第六章

# 业绩评定的方法

# 业绩评定的原则

◆**业绩评定的意义和原则**

◇**年计划与业绩评定相结合的方法**

无论预算计划做得多么美好、多么周全，如果不去好好地执行甚至没有取得成果，那也只不过是一张白纸，也就是说，计划只有付诸行动并取得成果才会有意义。特别值得一提的是，如果不随时监督和检查计划的执行情况也会造成一种被动的局面。或者说，对员工用实际业绩来评定完成预算计划的情况并且把结果与奖罚挂钩，才是一种对员工工作的激励。

由于有必要把预算的各个数值与业绩评定恰当地联系起来，因此，一旦决定下来，预算必须及时地分配给其他部门。作为分配方，也许会有种逃脱责任、松了一口气的感觉；而对于被分配方，也许会带来类似"竟如此不公平"等不满情绪。但是，如果不作分配，各个部门的负责人就要花费大量的时间做讨价还价的工作，甚至对各个部门的评价也会产生混乱的现象。

## 业绩评定项目的例子

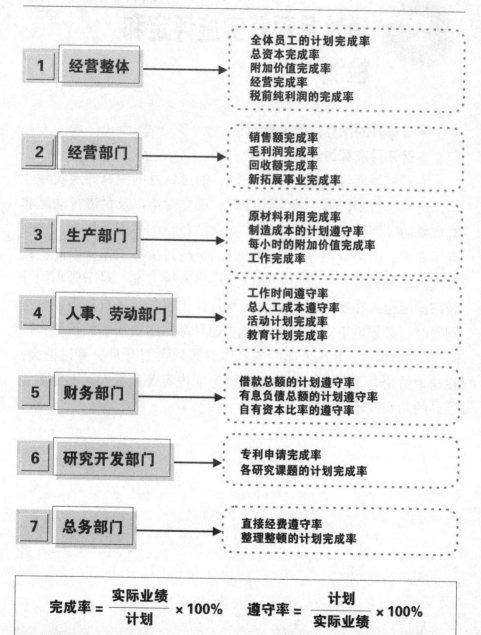

| | | |
|---|---|---|
| 1 | 经营整体 | 全体员工的计划完成率<br>总资本完成率<br>附加价值完成率<br>经营完成率<br>税前纯利润的完成率 |
| 2 | 经营部门 | 销售额完成率<br>毛利润完成率<br>回收额完成率<br>新拓展事业完成率 |
| 3 | 生产部门 | 原材料利用完成率<br>制造成本的计划遵守率<br>每小时的附加价值完成率<br>工作完成率 |
| 4 | 人事、劳动部门 | 工作时间遵守率<br>总人工成本遵守率<br>活动计划完成率<br>教育计划完成率 |
| 5 | 财务部门 | 借款总额的计划遵守率<br>有息负债总额的计划遵守率<br>自有资本比率的遵守率 |
| 6 | 研究开发部门 | 专利申请完成率<br>各研究课题的计划完成率 |
| 7 | 总务部门 | 直接经费遵守率<br>整理整顿的计划完成率 |

$$完成率 = \frac{实际业绩}{计划} \times 100\% \qquad 遵守率 = \frac{计划}{实际业绩} \times 100\%$$

**通过月预算实施评定和检测**

◆**对每月的预算结果采取对策**

◇**召开月决算讨论会**

为了使短期经营计划步入正轨，通过每月的决算评定实际业绩，这对以后如何进一步完成计划、确立对策以及付诸行动是非常重要的。因此，如果把月末作为业绩截止的日期，那么，稍晚点不要紧，因为要用一周左右的时间进行月决算工作，以此检查目标的完成情况，并提出问题以及提出改善方案。对于微小的分歧或没能记入在账等现象可以在下月作出报告。还有，当业绩特别差时，必须就下个月是否还能实现目标作出更准确的预测，同时事前要探讨一下各个部门的具体对策后再召开月决算讨论会。在这个讨论会上，要事先决定好讨论的内容及负责人，不能单凭领导的几句鼓励话就进行。

## 月决算研讨会议例表

**第××届研讨会议**

日期：×年×月×日13：00至17：00

会场：**本公司会议室(提前10分钟集合)**

参加者：**各部部长及科长等负责人**

## (议事)

1. 总经理致词 …………………………………………… 13：00—13：10

2. 研讨上个月的遗留问题 ……………………………… 13：10—13：30

3. 研究上个月的实际业绩 ……………………………… 13：30—14：00

4. 本月预测 ……………………………………………… 14：00—15：00

5. 下个月的对策 ………………………………………… 15：00—16：20

①提出对策方案 ………………………………………… 15：00—15：40

②讨论对策方案 ………………………………………… 15：40—16：20

6. 确认、总结决定的事项 ……………………………… 16：20—16：35

7. 按总经理指示下达今后的方针 ……………………… 16：35—17：00

注：

●决定事项和对策的要点，要落实负责人，由召集会议的负责人递交报告

●对有遗留问题的各个部门的研讨报告，会前交给召集会议的负责人

# 把业绩评定与表彰制度相结合

◆各部门每3个月或6个月进行一次表彰

◇设法提高员工工作热情

在这里讲一下某企业的评定、表彰制度。

通过每月的结算对企业的业绩作出当月的评定，并与评定津贴等级挂钩，同时还要累计这些评定。以3个月为时间段召开评定表彰大会并给予奖励，接着再以6个月为时间段的综合成绩来进行半年工作评定并给予表彰奖励，下半年的6个月同样要举行奖励活动，最后还要搞一次全年评定总结工作。

进行全年的总结时，要通过预算确定好全年的各种预算奖励，各种奖励包括海外旅行、发奖金等。而且，一进入下一年度就马上进行表彰会取得很好的效果。

另外，要公示业绩评定的标准，而且还要按照这种标准把评定结果等传达给广大员工。每个月的评定与各种补贴、奖金是相关联的，而每3个月、每半年和全年的评定是与表彰奖励相结合的。

## 奖励程度的例子

**[3 个月的奖励]**
- 生产计划完成奖 ⎫
- 销售计划完成奖 ⎬ 总经理奖（奖品）
- 回收计划完成奖 ──── 总经理奖（奖金）
- 生产完成奖 ──── 负责人奖（奖品）
- 节约经费奖 ⎫
- 部门效益完成奖 ⎬ 总经理奖（奖品）

**[6 个月的奖励]**
- 开发新项目完成奖 ──── 负责人奖（奖金）
- 开发计划完成奖 ──── 负责人奖（奖品）
- 提案奖 ──── 总经理奖（奖品）

**[年度奖励]**
- 年效益完成奖 ──── 总经理奖（奖金）
- 年部门完成奖 ──── 总经理奖（海外旅行）
- 年销售额完成奖 ⎫
- 年经费节约奖 ⎬ 总经理奖（奖金）
- 年度创业奖 ⎭
- 年度部门努力奖 ⎫
- 年度个人努力奖 ⎬ 总经理奖（奖品）
- 年度满勤奖 ──── 负责人奖（奖金）

**业绩评定与奖励方法**

◆**通过发放补贴、奖金提高工作热情**

◇**评定结果要体现在报酬中**

业绩评定的结果需要用补贴、奖金体现出来。但是，把业绩评定用补贴、奖金一目了然地体现出来并不是一件容易的事情。对于业务员来说可能做得到，而对于像总务部门等其他部门来说就很难了。当然，必须对所有部门和个人作出评定并与公平的报酬挂钩，否则真会威胁企业的生存。

目前笔者担任顾问的某企业，是按如下方法进行业绩评定而支付奖金的。

①与业绩评定结合发给津贴的仅限于业务员。这样做是为了刺激业务员的情绪以便提高其对工作的热情。这是因为单纯依靠一年发两次奖金的规定对业务人员的吸引力太小了。因此，另设了奖金标准。

②这项开支按每月决算发放到完成目标的各个小组，然后由各个小组的组长和经营部门的负责人相互协商再作决定。

③值得注意的是，以月为单位发放津贴，往往容易产生员工只为某月提高成绩采取不当行为的现象，所以要求以 3 个月为一个考核期，每个考核期都要重新评定业绩。

④除了业务员以外，其他员工的业绩评定结果是与奖金挂钩的。届时，要考虑好和业务员津贴的均衡关系。总之，业绩评定

## 业绩评定的例子

**目标完成率 = 目标销售收入（直接）完成率 × 目标赊欠款回收完成率**

| 目标完成率 | 支付额 |
|---|---|
| 110%··················· | 20000 日元 × 人数 |
| 120%··················· | 30000 日元 × 人数 |
| 130%··················· | 40000 日元 × 人数 |
| 140%··················· | 50000 日元 × 人数 |
| 150%··················· | 60000 日元 × 人数 |

**（上述记录反映奖金情况）**

是以津贴或奖金的形式体现出来的，但有必要再进一步地研究为了提高员工的工作热情而采用目标管理的问题。

**经营部门的业绩评定**

◆以个人、部门和企业整体为单位设定评价项目

◇制订个人、部门和企业整体的评定方法

在经营部门，对每个评定单位分别决定评定项目是十分必要的。

①企业整体的评定

企业整体的业绩评定是按不同部门的销售额、销售成本、推销费和全企业的一般管理费项目而进行的。不过，全公司的一般管理费要按不同部门的各个计算科目评定它的细目清单。

②各个部门的评定

对于各个部门的经营成绩，把各个科室的销售额、销售成本和经费情况，以该部门为单位评定直接使用的各项经费。

③个人评定

用销售额、毛利率、开发新市场和个人联系的订单情况等进行评定。

## 业绩评定报告例文①

### （全公司）经营收益报告

| 项　　目 | 本月实际业绩 | 预算额 | 上月实际业绩 | 预算对比 | 对比上月 |
|---|---|---|---|---|---|
| 纯销售额　　第1部<br>　　　　　　第2部<br>　　　　　　第3部 | | | | | |
| 纯销售额合计 | | | | | |
| 销售成本　　第1部<br>　　　　　　第2部<br>　　　　　　第3部 | | 记载各营业部的实际业绩 | | | |
| 销售成本合计 | | | | | |
| 销售利润 | | | | | |
| 营业费　　　第1部<br>　　　　　　第2部<br>　　　　　　第3部 | | | | | |
| 营业费合计 | | | | | |
| 销售利润<br>　总务部门费用<br>　财务部门费用<br>　采购部门费用<br>　　⋮ | | 各部门按会计项目分别记载详细内容 | | | |
| 本公司经费合计 | | | | | |
| 经营收益 | | | | | |

注：预算对比（良好◎，不及格×），对比上月（良好◎，不及格●）

## 业绩评定报告例文②

### （全公司）营业部门本公司管理费分配清单

| 分配项目 | 本月经费 | 预算经费 | 上月经费 | 预算对比 | 对比上月 |
|---|---|---|---|---|---|
| 董事报酬<br>本公司薪金<br>福利费 | | | | | |
| 差旅费、交通费 | | | | | |
| 通信费<br>…… | | | | | |
| 计 | | | | | |
| ……<br>总务部门费用<br>财务部门费用<br>采购部门费用<br>管理部门费用<br>……<br>计 | | | | | |
| 合计 | | | | | |

注：预算对比（良好◎，不及格×），对比上月（良好◎，不及格●）

## 业绩评定报告例文③

### （部门）第 1 营业部经营收益报告

| 项　　　目 | 本月实际业绩 | 预算额 | 上月实际业绩 | 预算对比 | 对比上月 |
|---|---|---|---|---|---|
| 纯销售额　　第 1 科<br>　　　　　　第 2 科<br>　　　　　　第 3 科 | | | | | |
| 纯销售额合计 | | | | | |
| 销售成本　　第 1 科<br>　　　　　　第 2 科<br>　　　　　　第 3 科 | | | | | |
| 销售成本合计 | | | | | |
| 销售利润 | | | | | |
| 营业费　　　第 1 科<br>　　　　　　第 2 科<br>　　　　　　第 3 科 | | | | | |
| 营业费合计 | | | | | |
| 经营收益 | | | | | |

注：预算对比（良好◎，不及格×），对比上月（良好◎，不及格●）

> 记入各科的销售额、销售成本、营业费

## 业绩评定报告例文④

### （科）第1科经营收益报告

| 项 目 | | 本月实际业绩 | 预算额 | 上月实际业绩 | 预算对比 | 对比上月 |
|---|---|---|---|---|---|---|
| 纯销售额 | 产品1 产品2 产品3 | | | | | |
| 纯销售额合计 | | | | | | |
| 销售成本 | 产品1 产品2 产品3 ……… | | | | | |
| 销售成本合计 | | | | | | |
| 销售额利润 | | | | | | |
| 第1科费用 广告费 促销费 | | | | | | |
| 销售费合计 | | | | | | |
| 销售利润 | | | | | | |

注：预算对比（良好◎，不及格×），对比上月（良好◎，不及格●）

> 记入各产品的纯销售额、销售成本及其他经费

## 业绩评定报告例文⑤

### （部）第1营业部管理费清单

| 项　　目 | 本月实际业绩 | 预算额 | 上月实际业绩 | 预算对比 | 对比上月 |
|---|---|---|---|---|---|
| 工资<br>福利费<br>差旅费、交通费<br>…… | | | | | |
| 管理费合计 | | | | | |
| 第1科经费<br>第2科经费<br>第3科经费 | | | | | |
| 各科经费合计 | | | | | |
| 部经费合计 | | | | | |

### （科）第1科管理费清单

| 项　　目 | 本月实际业绩 | 预算额 | 上月实际业绩 | 预算对比 | 对比上月 |
|---|---|---|---|---|---|
| 工资<br>福利费<br>差旅费、交通费<br>…… | | | | | |
| 经费合计 | | | | | |

注：预算对比（良好◎，不及格×），对比上月（良好◎，不及格●）

# 6 生产部门的业绩评定

◆**充分注意成本计算**

◇**注意直接成本、间接成本的问题**

对于生产部门来说，一般对于部门内的各个科室都是通过目标成本和实际成本之间的差额进行整体的业绩评定。业绩评定工作需要从以下几个方面入手。

①对生产部门的各个科室，用直接材料费和间接劳务费作业绩评定。

②对部门来说，用各个部门所负担的比较清楚的间接成本作评价。

在生产部门，首先从目标成本中减去直接成本，然后减去各部的间接成本，再减去整个部门的间接成本。也就是说，用结算价格减去实际成本形式作出业绩评定。另外，从流动性方面考虑，生产部门应把产品库存也作为业绩评定的对象。

## 业绩评定报告例文①

### （全体）生产部门生产利润报告

| 项　　目 | | 本月实际业绩 | 预算额 | 上月实际业绩 | 预算对比 | 对比上月 |
|---|---|---|---|---|---|---|
| 结账价格 | 产品1 | | | | | |
| 标准价格 | 产品2 | | | | | |
| | 产品3 | | | | | |
| | 产品4 | | | | | |
| | ⋮ | | | | | |
| 合　　计 | | | | | | |
| 直接成本 | 产品1 | | | | | |
| | 产品2 | | 记入直接材料费及直接劳务费 | | | | |
| | 产品3 | | | | | |
| | 产品4 | | | | | |
| | ⋮ | | | | | |
| 合　　计 | | | | | | |
| 毛利润 | 产品1 | | | | | |
| | 产品2 | | | | | |
| | 产品3 | | | | | |
| | 产品4 | | | | | |
| | ⋮ | | | | | |
| 第1生产部费用 | | | | | | |
| 第2生产部费用 | | 记入各部门负担的间接费用 | | | | |
| 机械部门费用 | | | | | | |
| 生产部门间接费用 | | | | | | |
| 生产利润合计 | | | | | | |

注：预算对比（良好◎，不及格×），对比上月（良好◎，不及格●）

## 业绩评定报告例文②

### （部）第1生产部间接成本报告

（单位：万日元）

| 项　　目 | 本月<br>实际业绩 | 预算额 | 上月<br>实际业绩 | 预算<br>对比 | 对比上月 |
|---|---|---|---|---|---|
| 间接材料费<br>间接劳务费<br>福利费<br>差旅费、交通费<br>…… | | | | | |
| 合　　计 | | | | | |

注：预算对比（良好◎，不及格×），对比上月（良好◎，不及格●）

### （科）第1科管理费清单

| 产　　品 | 直接<br>材料费 | 直接<br>劳务费 | 直接<br>成本 | 数量 | 单位<br>成本 | 评定 |
|---|---|---|---|---|---|---|
| 产品1<br>产品2<br>产品3<br>…… | | | | | | |
| 合　　计 | | | | | | |

注：评定（良好◎，不及格×）或（良好＋，不及格－）

# 第七章

## 经营计划报告例文集

◆ **经营计划的基本样式**

**经营计划概要**

年销售额　○○○百万日元
　　　　利润　○○○百万日元
　　　　　　　作为本期目标

　　为完成上述目标，要在项目部和
各部门实施如下政策

基本方针
①经营效益确保○○○
②○○期销售计划提高○○%
③
④
⑤
⑥

## ◇经营利润计划表样式

### [销售目标计划]

| ○○部门 | | 关联○○ | | 其他 | |
|---|---|---|---|---|---|
| ○○部门 | | ○○部门 | | 合计 | |

### [管理损益项目概要]

| 项　　目 | | 金　　额 | 计算根据 |
|---|---|---|---|
| | 销　售　额 | | |
| 变动费 | 成　　本 | | |
| | 交　际　费 | | |
| | 车辆使用 | | |
| | 差　旅　费 | | |
| | 通　信　费 | | |
| | 计 | | |
| | 边际利润 | | |
| 固定费 | 人工成本 | | |
| | 租　赁　费 | | |
| | 水　暖　费 | | |
| | 办公用品费 | | |
| | 折　旧　费 | | |
| | 其　　他 | | |
| | 计 | | |
| | 利润 | | |
| 本公司负担款 | | | |
| 经营收益 | | | |

## ◇相关各营业所的损益计算表样式

(单位：百万日元)

| 项　目 | | ○○营业所 | ○○营业所 | ○○营业所 | ○○营业所 | 小计 | 本公司 | 合计 |
|---|---|---|---|---|---|---|---|---|
| 销　售　额 | | | | | | | | |
| 变动费 | 成　本 | | | | | | | |
| | 交际费 | | | | | | | |
| | 车辆费 | | | | | | | |
| | 差旅费 | | | | | | | |
| | 通信费 | | | | | | | |
| | 计 | | | | | | | |
| 边际利润 | | | | | | | | |
| 固定费 | 人工成本 | | | | | | | |
| | 租赁费 | | | | | | | |
| | 水暖费 | | | | | | | |
| | 办公用品费 | | | | | | | |
| | 折旧费 | | | | | | | |
| | 其　他 | | | | | | | |
| | 计 | | | | | | | |
| 利　润 | | | | | | | | |

| | | | | | | | |
|---|---|---|---|---|---|---|---|
| 边际利润率 | | | | | | | |
| 盈亏临界点 | | | | | | | |
| 盈亏临界点运行率 | | | | | | | |
| 生产性固定费用 | | | | | | | |
| 生产性人工成本 | | | | | | | |
| 人工成本/固定费用 | | | | | | | |

## ◇各部门战术表样式

| 政策＼科 | ○○部门 | ○○部门 | ○○部门 | ○○部门 |
|---|---|---|---|---|
| 产品战术 | ①<br>②<br>③<br>④<br>⑤ | ①<br>②<br>③<br>④<br>⑤ | ①<br>②<br>③<br>④<br>⑤ | ①<br>②<br>③<br>④<br>⑤ |
| 市场战术 | ①<br>②<br>③<br>④<br>⑤ | ①<br>②<br>③<br>④<br>⑤ | ①<br>②<br>③<br>④<br>⑤ | ①<br>②<br>③<br>④<br>⑤ |
| 销售战术 | ①<br>②<br>③<br>④<br>⑤ | ①<br>②<br>③<br>④<br>⑤ | ①<br>②<br>③<br>④<br>⑤ | ①<br>②<br>③<br>④<br>⑤ |

## ◇长期经营计划讨论表样式

日期（　年　月—　年　月）

| 项　　目 | | 内　　容 | 重要度 |
|---|---|---|---|
| 企业目标 | 企业理念<br>（列举企业经营者的想法等） | | |
| | 长期规划<br>·目的 | | |
| | ·文化 | | |
| | ·立场 | | |
| 长期经营计划 | 项目计划 | | |
| | 组织计划 | | |
| | 功能计划 | | |
| 各部门计划 | 商（产）品市场计划 | | |
| | 其他 | | |

◇**中期经营计划讨论表样式**

日期（ 年 月— 年 月）

| 项 目 | 内 容 | 备注 |
|---|---|---|
| 中期经营计划 | | |
| 中期目标 | | |
| 中期经营方针 | | |

| 经营战略<br>项目构想战略 | 内 容 | 实施项目 |
|---|---|---|
| | | |

| 项目部门战略 | 内 容 | 实施项目 |
|---|---|---|
| （ ）部门 | | |
| （ ）部门 | | |
| （ ）部门 | | |
| （ ）部门 | | |
| （ ）部门 | | |

## ◇短期经营计划讨论表样式

| 设定中期经营计划 | 本期的设定 |
|---|---|
| **目标** | |
| **方针** | |

| **目 标** | | **实 施 项 目** |
|---|---|---|
| **销售计划** | 部 | |
| | 科 | |
| | 个人 | |
| **年度** | 部 | |
| | 科 | |
| | 个人 | |
| **盈亏临界点** **改善计划** | | |
| **活动计划** **其他** | | |

## ◇按部门、产品、销售要素制订对策表样式①

日期（ 年 月— 年 月)

| 要素检测项目 | 现状 | 新年度对策 | 方法 | 期间对策 | 重点及其他 |
|---|---|---|---|---|---|
| (市场)<br>1.市场<br>　①不能适应顾客需求的变化<br>　②不能适应销售渠道的变化<br>　③产品不全<br>　④整个行业的需求下降<br>　⑤同行过多，难以提高销售量 | | | | | |
| 2.产品<br>　①产品开发的速度慢<br>　②促销的软环境差<br>　③没有适合产品的销售战略<br>　④产品的知名度不够 | | | | | |
| 3.价格、质量<br>　①价格过高<br>　②质量太差<br>　③引进技术上的问题<br>　④对外订货存在问题 | | | | | |
| 4.其他(物流制度、服务制度)<br>　①常常延长交货期<br>　②产品服务说明不够<br>　③售后服务不好 | | | | | |

## ◇按部门、产品、销售要素制订对策表样式②

日期（ 年 月— 年 月）

| 要素检测项目 | 现状 | 新年度对策 | 方法 | 期间对策 | 重点及其他 |
|---|---|---|---|---|---|
| **(经营负责人的销售活动)** | | | | | |
| **1.销售知识、经验** | | | | | |
| ①缺乏产品知识 | | | | | |
| ②销售技术不足 | | | | | |
| ③销售指导上欠缺 | | | | | |
| ④教育不足 | | | | | |
| **2.计划性** | | | | | |
| ①缺乏行动计划 | | | | | |
| ②不做日报表 | | | | | |
| ③不分析客户情况 | | | | | |
| ④经营战略上欠缺 | | | | | |
| **3.销售活动的内容** | | | | | |
| ①销售人员不够 | | | | | |
| ②对负责销售的人有不满情绪 | | | | | |
| ③索赔处理不当 | | | | | |
| ④目标管理不明确 | | | | | |

## ◇各部门年度促销计划表样式

日期（ 年 月— 年 月）

| 项　　　目 | 月 | | 月 | | 月 | |
|---|---|---|---|---|---|---|
| | 上半月 | 下半月 | 上半月 | 下半月 | 上半月 | 下半月 |
| 邮寄广告战略 | | | | | | |
| 宣传活动 | | | | | | |
| 广告 | | | | | | |
| 新产品展示会 | | | | | | |
| 用户对策战略 | | | | | | |
| 特约经销店对策 | | | | | | |
| 其他 | | | | | | |

## ◇年度收益分配计划表样式

| | 下期计划 | 上期实际业绩 |
|---|---|---|
| 上期转入收益 | | |
| 税前本期纯收益 | | |
| 纳税资金 | | |
| 本期未处理收益 | | |
| 税后本期纯收益 | | |
| 外部流出部分 | | |
| 　分红 | | |
| 　分红率 | | |
| 　奖励董事报酬 | | |
| 外部流出部分合计 | | |
| 内部保留部分 | | |
| 　法定准备金 | | |
| 　资本准备金 | | |
| 　公积金 | | |
| 　其他 | | |
| 内部保留部分合计 | | |
| 下期转入收益 | | |

◇各部门年度促销管理表样式

部门

| 讨论项目 | 月 | | 月 | | 月 | |
|---|---|---|---|---|---|---|
| | 预定 | 实际 | 预定 | 实际 | 预定 | 实际 |
| 主要销售要素 | | | | | | |
| 主要销售活动 | | | | | | |
| 计划、管理 | | | | | | |
| 开发市场 | | | | | | |
| 产品开发 | | | | | | |
| 销售调查与分析 | | | | | | |
| 债权管理 | | | | | | |
| 库存管理 | | | | | | |
| 经营教育 | | | | | | |
| 销售额目标 | | | | | | |
| 毛利润目标 | | | | | | |
| 经费目标 | | | | | | |
| 利润目标 | | | | | | |
| 赊销债权目标 | | | | | | |
| 库存目标 | | | | | | |
| 备注 | | | | | | |

## ◇经营负责人工作管理表样式

**(月重点工作目标)**

| 部长 | 科长 | 组长 | 负责人姓名 |
|------|------|------|-----------|
| **本月销售方针、目标** | | | |
| | | | |

| 重点销售产品 | 重点顾客 | 开发新客户 |
|------|------|------|
| 1<br>2<br>3<br>4 | 1<br>2<br>3<br>4 | 1<br>2<br>3<br>4 |

**(周工作计划)**

| 月 | 第　　周 | 第　　周 |
|------|------|------|
| **部门重点目标** | | |
| **重点销售产品** | | |
| **重点顾客** | | |
| **重点行动目标** | | |
| 1<br>2<br>3 | | |
| 1<br>2<br>3 | | |
| 1<br>2<br>3 | | |

## ◇年度员工满意度调查表样式

①回顾一年来的工作，你满意吗？

满意 比较满意 不知道 不太满意 不满意

②你对自己年度计划目标的完成
情况满意吗？

5　　4　　3　　2　　1

满意 比较满意 不知道 不太满意 不满意

③你对自己年度计划的完成情况
满意吗？

5　　4　　3　　2　　1

满意 比较满意 不知道 不太满意 不满意

5　　4　　3　　2　　1

④为完成年度目标，你尽力了吗？

努力　　还行 不知道 做得不够 不努力

5　　4　　3　　2　　1

⑤为完成年度计划，你作计划了吗？

作计划 有时做 不知道 不太做　不做

⑥你自己给自己这一年的工作打
分，是多少分？

5　　4　　3　　2　　1

⑦回顾过去的一年，请写出你的
意见。

◇按产品分类的销售额构成情况表样式

| 产品群 | 销售额（构成比例） | 毛利润 |
|---|---|---|
|  |  |  |
|  |  |  |
|  |  |  |
|  |  |  |
| 合　　计 |  |  |

人员配置、销售方法

销售方法
① 
② 
③ 
④ 
⑤ 

| 产品群 | 销售额（构成比例） | 毛利润 |
|---|---|---|
|  |  |  |
|  |  |  |
|  |  |  |
|  |  |  |
| 合　　计 |  |  |

销售方法
① 
② 
③ 
④ 
⑤

## ◇按不同市场（不同顾客对象）的销售额构成情况表样式

| 市场、销售对象 | 销售额（构成比例） | 毛利润 | |
|---|---|---|---|
| | | | ○○期预测 |
| 合　　计 | | | |

| 市场、销售对象 | 销售额（构成比例） | 毛利润 | |
|---|---|---|---|
| | | | ○○期目标 |
| 合　　计 | | | |

## ◇人才培养计划报告样式

**[培养对象]**

◎ 下期经营计划中的人才培养以下列人员为对象

① 
② 
③ 

**[时间]**

◎ 6 个月 ~10 个月

**[3 年内的基本形式]**

| 项目 \ 对象 | | ① | ② | ③ |
|---|---|---|---|---|
| 重要程度 | 第 1 年度 | | ○ | ○ |
| | 第 2 年度 | ○ | ○ | ○ |
| | 第 3 年度 | ○ | ○ | ○ |
| 目 的 | | ① ② | ① ② | ① ② |
| 内 容 | | | | |
| 推进方法 | | | | |

## ◇各科损益计算表样式

(单位：百万日元)

| 项目 ＼ 科 | ○○科 | ○○科 | ○○科 | ○○科 | ○○科 | ○○科 | ○○科 |
|---|---|---|---|---|---|---|---|
| 销售额 | | | | | | | |
| 变动费 — 成本 | | | | | | | |
| 变动费 — 交际费 | | | | | | | |
| 变动费 — 车辆使用费 | | | | | | | |
| 变动费 — 差旅费 | | | | | | | |
| 变动费 — 通信费 | | | | | | | |
| 变动费 — 计 | | | | | | | |
| 边际收益率 | | | | | | | |
| 固定费 — 人工成本 | | | | | | | |
| 固定费 — 租赁费 | | | | | | | |
| 固定费 — 水暖费 | | | | | | | |
| 固定费 — 办公用品费 | | | | | | | |
| 固定费 — 折旧费 | | | | | | | |
| 固定费 — 其他 | | | | | | | |
| 固定费 — 计 | | | | | | | |
| 利润 | | | | | | | |

| | | | | | | |
|---|---|---|---|---|---|---|
| 边际收益率 | | | | | | |
| 盈亏临界点 | | | | | | |
| 盈亏临界点比率 | | | | | | |
| 生产性固定费用 | | | | | | |
| 生产性人工成本 | | | | | | |
| 人工成本 / 固定费用 | | | | | | |

## ◇综合人员计划表样式

| 营业所 \ 部门 | ○○ 部门 | ○○ 部门 | ○○ 部门 | ○○ 部门 | ○○ 部门 | ○○ 部门 | 合计 |
|---|---|---|---|---|---|---|---|
| ○○营业所 | | | | | | | |
| ○○营业所 | | | | | | | |
| ○○营业所 | | | | | | | |
| ○○营业所 | | | | | | | |
| ○○营业所 | | | | | | | |
| ○○营业所 | | | | | | | |
| ○○营业所 | | | | | | | |
| ○○营业所 | | | | | | | |
| ○○营业所 | | | | | | | |
| ○○营业所 | | | | | | | |
| ○○营业所 | | | | | | | |
| 计 | | | | | | | |

| | | | | | |
|---|---|---|---|---|---|
| 增加人员 | | | | | |
| 生产性 | | | | | |

| | | | | | |
|---|---|---|---|---|---|
| 项目部门 | | | | | |

| 项目部门总合计 | |
|---|---|

## ◇各客户销售额预测报告样式

| 公司名称 | 实际业绩 | 意　见 | 期待程度 | 预测数值 |
|---|---|---|---|---|
| ○○公司 | | | | |
| ○○公司 | | | | |
| ○○公司 | | | | |
| ○○公司 | | | | |
| ○○公司 | | | | |
| ○○公司 | | | | |
| ○○公司 | | | | |
| ○○公司 | | | | |
| ○○公司 | | | | |
| ○○公司 | | | | |
| ○○公司 | | | | |
| ○○公司 | | | | |
| ○○公司 | | | | |
| ○○公司 | | | | |

## ◇各经营资源管理责任表样式

| 管理项目 | 负责人 | 部长 | 科长 | 组长 | 主任 |
|---|---|---|---|---|---|
| 人 | ①部下(以科为主) | | | | |
| | ②办公室职员 | | | | |
| | ③客户 | | | | |
| | ④其他企业的负责人 | | | | |
| | ⑤其他企业的科长等 | | | | |
| | ⑥部下的家属 | | | | |
| 物 | ①产品 | | | | |
| | ②库存(客户) | | | | |
| | ③备品 | | | | |
| | ④车辆 | | | | |
| | ⑤资料 | | | | |
| 财产 | ①债权 | | | | |
| | ②经费(招待费、交际费、损耗费) | | | | |
| | ③经费(备品) | | | | |
| | ④收益率 | | | | |
| 情报 | ①客户 | | | | |
| | ②宣传 | | | | |
| | ③机关 | | | | |
| | ④批发商 | | | | |
| | ⑤同行业其他企业 | | | | |
| | ⑥企业内部 | | | | |
| | ⑦地区(银行、建设者等) | | | | |
| 其他 | 对重要客户厂家的服务情况 | | | | |